# Cambridge Plain Texts

# A. DE MUSSET

## CARMOSINE

# A. DE MUSSET

## CARMOSINE

CAMBRIDGE
AT THE UNIVERSITY PRESS
1920

CAMBRIDGE UNIVERSITY PRESS
Cambridge, New York, Melbourne, Madrid, Cape Town,
Singapore, São Paulo, Delhi, Mexico City

Cambridge University Press
The Edinburgh Building, Cambridge CB2 8RU, UK

Published in the United States of America by Cambridge University Press, New York

www.cambridge.org
Information on this title: www.cambridge.org/9781107685710

First published 1920
Re-issued 2013

*A catalogue record for this publication is available from the British Library*

ISBN 978-1-107-68571-0 Paperback

# NOTE

ALFRED DE MUSSET'S comedies have a singular
history. After the failure of his first attempt,
*La Nuit Vénitienne*, he ceased to write for the
stage, and published them in the *Revue des
deux mondes* (1833–1836). In 1847 the actress
Mme Allan, then at Petrograd, was much taken
with a little Russian piece which she saw at
a small theatre. It was found on inquiry to be
a translation of Musset's *Un Caprice*. After
playing in it with success at Petrograd, she
produced it at the Comédie-Française to the
surprise and delight of the dramatic critics.
Several of Musset's other plays soon followed,
and after his death (1857) *On ne badine pas
avec l'amour, Fantasio,* and *Lorenzaccio*—perhaps
his three greatest. *Carmosine,* which he published
in *Le Constitutionnel* in 1850, was another post-
humous production (1865). Founded on a story
of Boccaccio (x. vii.), it has great charm and
beauty. "There were two beings," said Mme
Allan, "in Alfred de Musset, one good, gentle,
tender, enthusiastic, the other possessed by a
sort of demon." It was the first who wrote
*Carmosine.*

A. TILLEY

*May* 1920

# CARMOSINE

## COMÉDIE EN TROIS ACTES

PUBLIÉE EN 1850, REPRÉSENTÉE EN 1865

# PERSONNAGES

PIERRE D'ARAGON, roi de Sicile.
MAÎTRE BERNARD, médecin.
MINUCCIO, troubadour.
PERILLO, jeune avocat.
SER VESPASIANO, chevalier de fortune.
UN OFFICIER DU PALAIS.
MICHEL, domestique chez maître Bernard.
LA REINE CONSTANCE, femme du roi Pierre.
DAME PÂQUE, femme de maître Bernard.
CARMOSINE, leur fille.
PAGES, ÉCUYERS, DEMOISELLES D'HONNEUR,
    SUIVANTES DE LA REINE.

*La scène se passe à Palerme.*

# ACTE PREMIER

*Une salle chez maître Bernard.*

## SCÈNE PREMIÈRE

MAÎTRE BERNARD, DAME PÂQUE.

DAME PÂQUE. Faites-moi le plaisir de laisser là vos drogues, et d'écouter un peu ce que je vous dis.

MAÎTRE BERNARD. Faites-moi la grâce de ne pas me le dire du tout, ce sera aussitôt fait.

DAME PÂQUE. Comme il vous plaira. Mélangez vos herbes empestées tout à votre aise. Le seul résultat de votre obstination sera de la voir mourir dans nos bras.

MAÎTRE BERNARD. Si mes remèdes ne peuvent rien, que peut donc votre bavardage? Mais c'est votre unique passe-temps de nous inonder de discours inutiles. Dieu merci, la patience est une belle vertu.

DAME PÂQUE. Si vous aimiez votre pauvre fille, elle serait bientôt guérie.

MAÎTRE BERNARD. Pourquoi me dites-vous cela? Êtes-vous folle? Ne voyez-vous pas ce que je fais du matin au soir? Pauvre chère âme! tout ce que j'aime! Dites-moi, n'est-ce donc pas assez de voir souffrir l'enfant de mon cœur, sans avoir sur le dos vos éternels reproches? car on dirait, à vous entendre, que je suis cause de tout le mal. Y a-t-il moyen de rien comprendre à cette mélancolie qui la tue? Maudites soient les fêtes de la reine, et que les tournois aillent à tous les diables!

DAME PÂQUE. Vous en revenez toujours à vos moutons.

MAÎTRE BERNARD. Oui, on ne m'ôtera pas de la tête qu'elle est tombée malade un dimanche, précisément en revenant de la passe d'armes. Je la vois encore s'asseoir là sur cette chaise; comme elle était pâle et toute pensive! comme elle regardait tristement ses petits pieds couverts de poussière! Elle n'a dit mot de la journée, et le souper s'est passé sans elle.

DAME PÂQUE. Allez, vous n'êtes qu'un vieux rêveur. Le meilleur de tous les remèdes, je vous le dirai, malgré votre barbe: c'est un beau garçon et un anneau d'or.

MAÎTRE BERNARD. Si cela était, pourquoi refuserait-elle tous les partis qu'on lui présente? Pourquoi ne veut-elle même pas entendre parler de Perillo, qui était son ami d'enfance?

DAME PÂQUE. Vraiment, elle s'en soucie bien! Laissez-moi faire. On lui proposera telle personne qu'elle ne refusera pas.

MAÎTRE BERNARD. Je sais ce que vous voulez dire, et pour celui-là, c'est moi qui le refuse. Vous vous êtes coiffée d'un flandrin.

DAME PÂQUE. Vous verrez vous-même ce qui en est.

MAÎTRE BERNARD. Ce qui en est? Mais, dame Pâque, il y a pourtant dans ce monde certaines choses à considérer. Je ne suis pas un grand seigneur, madame; mais je suis un honnête médecin assez riche, dame Pâque, et même fort riche pour cette ville; j'ai dans mon coffre quantité de sacs bien et dûment cachetés. Je ne donnerai pas plus ma fille pour rien, que je ne la vendrai, entendez-vous?

DAME PÂQUE. Vraiment, vous ferez bien, et votre fille mourra de votre sagesse, si elle ne meurt de vos potions. Laissez donc là ce flacon, je vous en prie, et n'empoisonnez pas davantage cette pauvre enfant. Ne voyez-vous donc pas, depuis deux mois, que vos drogueries ne servent à rien? Votre fille est malade d'amour, voilà ce que je sais, moi, de bonne part. Elle aime ser Vespasiano, et toutes les fioles de la terre n'y changeront pas un iota.

MAÎTRE BERNARD. Ma fille n'est point une sotte, et ser Vespasiano est un sot. Qu'est-ce qu'un âne peut faire d'une rose?

DAME PÂQUE. Ce n'est pas vous qui l'épouserez. Essayez donc d'avoir le sens commun. Ne convenez-vous pas que c'est en revenant des fêtes de la reine que votre fille est tombée malade? N'en parle-t-elle pas sans cesse? N'amène-t-elle pas toujours les entretiens sur ce chapitre, sur l'habileté des cavaliers, sur les prouesses de celui-là, sur la belle tournure de celui-ci? Est-il rien de plus naturel à une jeune fille sans expérience que de sentir son cœur battre tout à coup pour la première fois, à la vue de tant d'armes resplendissantes, de tant de chevaux, de bannières, au son des clairons, au bruit des épées? Ah! quand j'avais son âge!...

MAÎTRE BERNARD. Quand vous aviez son âge, dame Pâque, il me semble que vous m'avez épousé, et il n'y avait point là de trompettes.

DAME PÂQUE. Je le sais bien, mais ma fille est mon sang. Or, dans ces fêtes, je vous le demande, à qui peut-elle s'intéresser? Qui doit-elle chercher dans la foule, si ce n'est les gens qu'elle connaît! Et quel autre, parmi nos amis, quel autre que le beau, le galant, l'invincible ser Vespasiano?

MAÎTRE BERNARD. A telle enseigne, qu'au premier coup de lance il est tombé les quatre fers en l'air.

DAME PÂQUE. Il se peut que son cheval ait fait un faux pas, que sa lance se soit détournée, je ne nie pas cela; il se peut qu'il soit tombé.

MAÎTRE BERNARD. Cela se peut assurément; il a pirouetté en l'air comme un volant, et il est tombé, je vous le jure, autant qu'il est possible.

DAME PÂQUE. Mais de quel air il s'est relevé!

MAÎTRE BERNARD. Oui, de l'air d'un homme qui a son dîner sur le cœur, et une forte envie de rester par terre. Si un pareil spectacle a rendu ma fille malade, soyez persuadée que ce n'est pas d'amour. Allons, laissez-moi lui porter ceci.

DAME PÂQUE. Faites ce que vous voudrez. Je vous préviens que j'ai invité ce chevalier à souper. Que votre fille ait faim ou non, elle y viendra et vous jugerez par vous-même de ce qui se passe dans son cœur.

MAÎTRE BERNARD. Et pourquoi ne parlerait-elle pas, si vous aviez raison? Suis-je donc un tyran, s'il vous plaît? Est-ce qu'il peut lui tomber une larme des yeux sans que tout mon cœur...juste ciel! plutôt que de la voir ainsi s'éteindre sans dire une parole, est-ce que je ne voudrais pas? Allons!...Vous me rendriez fou!

[*Ils sortent chacun d'un côté différent.*

## SCÈNE II

Perillo (*seul, entrant*). Personne ici! il me semblait avoir entendu parler dans cette chambre. Les clefs sont aux portes, la maison est déserte. D'où vient cela? En traversant la cour, un pressentiment m'a saisi...Rien ne ressemble tant au malheur que la solitude;...maintenant j'ose à peine avancer...Hélas! je reviens de si loin, seul et presque au hasard; j'avais écrit pourtant, mais je vois bien qu'on ne m'attendait pas. Depuis combien d'années ai-je quitté ce pays? Six ans! Me reconnaîtra-t-elle? Juste ciel! comme le cœur me bat! Dans cette maison de notre enfance, à chaque pas un souvenir m'arrête. Cette salle, ces meubles, les murailles même, tout m'est si connu, tout m'était si cher! D'où vient que j'éprouve à cet aspect un charme plein d'inquiétude qui me ravit et me fait trembler? Voilà la porte du jardin, et celle-ci! ...J'ai fait bien du chemin pour venir y frapper; à présent j'hésite sur le seuil. Hélas! là est ma destinée; là est le but de toute ma vie, le prix de mon travail, ma suprême espérance! Comment va-t-elle me recevoir? Que dira-t-elle? Suis-je oublié? Suis-je dans sa pensée? Ah! voilà pourquoi je frissonne;... tout est dans ces deux mots, l'amour ou l'oubli!... Eh bien! quoi? Elle est là sans doute. Je la verrai, elle me tendra la main: n'est-elle pas ma fiancée? n'ai-je pas la promesse de son père? n'est-ce pas sur cette promesse que je suis parti? n'ai-je pas rempli toutes les miennes? Serait-il possible?...Non, mes doutes sont injustes; elle ne peut être infidèle au passé. L'honneur est dans son noble cœur, comme la

beauté sur son visage, aussi pur que la clarté des cieux.
Qui sait? elle m'attend peut-être; et tout à l'heure...
O Carmosine!

## SCÈNE III

### Perillo, Maître Bernard.

Maître Bernard. Silence! elle dort. Quelques
heures de bon sommeil et elle est sauvée.

Perillo. Qui, monsieur?

Maître Bernard. Oui, sauvée, je le crois, du
moins.

Perillo. Qui, monsieur?

Maître Bernard. C'est toi, Perillo? ma pauvre
fille est bien malade.

Perillo. Carmosine! Quel est son mal?

Maître Bernard. Je n'en sais rien. Eh bien,
garçon, tu reviens de Padoue; j'ai reçu ta lettre l'autre
jour; tu as terminé tes études, passé tes examens, tu
es docteur en droit, tu vas recevoir et bien porter le
bonnet carré; tu as tenu parole, mon ami; tu étais
parti bon écolier et tu reviens savant comme un maître.
Hé! hé! voilà une belle carrière devant toi. Ma pauvre
fille est bien malade.

Perillo. Qu'a-t-elle donc, au nom du ciel?

Maître Bernard. Hé! je te dis que je n'en sais rien.
C'est une joie pour moi de te revoir, mon brave
Antoine, mais une triste joie; car pourquoi viens-tu?
Il était convenu entre ton père et moi que tu épouserais
ma fille dès que tu aurais un état solide; tu as bien
travaillé, ton cœur n'a pas changé, j'en suis sûr, le

mien non plus, et maintenant...O mon Dieu! Qu'a-t-elle donc fait?

PERILLO. Vos paroles me font frémir. Quoi! sa vie est-elle en danger?

MAÎTRE BERNARD. Veux-tu me faire mourir moi-même, à te répéter cent fois que je l'ignore? Elle est malade, Perillo, bien malade.

PERILLO. Se pourrait-il qu'un homme aussi habile, aussi expérimenté que vous?...

MAÎTRE BERNARD. Oui, expérimenté, habile! Voilà justement ce qu'ils disent tous. Ne croirait-on pas que j'ai dans ma boutique la panacée universelle et que la mort n'ose pas entrer dans la boutique d'un médecin? Je ne m'en suis pas fié à moi seul, j'ai appelé à mon aide tout ce que je connais, tout ce que j'ai pu trouver au monde de docteurs, d'érudits, d'empiriques même, et nous avons dix fois consulté. Habileté de rêveurs, expérience de routine! La nature, Perillo, qui mine et détruit, quand elle veut se cacher, est impénétrable. Qu'on nous montre une plaie, une blessure ouverte, une fièvre ardente, nous voilà savants. Nous avons vu cent fois pareille chose, et l'habitude indique le remède; mais quand la cause du mal ne se découvre point, lorsque la main, les yeux, les battements du cœur, l'enveloppe humaine tout entière est vainement interrogée; lorsqu'une jeune fille de dix-huit ans, belle comme un soleil et fraîche comme une fleur, pâlit tout à coup et chancelle, puis, quand on lui demande ce qu'elle souffre, répond seulement: Je me meurs...Antoine, combien de fois j'ai cherché d'un œil avide le secret de sa souffrance dans sa souffrance même! Rien ne me répondait, pas un signe, pas un indice clair et visible, rien devant

moi que la douleur muette, car la pauvre enfant ne se
plaint jamais; et moi, le cœur brisé de tristesse, plein
de mon inutilité, je regarde les rayons poudreux où
sont entassés depuis des années les misérables produits
de la science. Peut-être, me dis-je, y a-t-il là dedans
un remède qui la sauverait, une goutte de cordial,
une plante salutaire; mais laquelle? comment deviner?

PERILLO (*à part*). Mes pressentiments étaient donc
fondés; je suis venu pour trouver cela.          [*Haut.*
Ce que vous me dites, monsieur, est horrible. Me
sera-t-il permis de voir Carmosine?

MAÎTRE BERNARD. Sans doute, quand elle s'éveil-
lera; mais elle est bien faible, Perillo. Peut-être nous
faudra-t-il d'abord la préparer à ta venue, car la
moindre émotion la fatigue beaucoup et suffit quelquefois pour la priver de sens. Elle t'a aimé, elle t'aime
encore, tu devais l'épouser,...tu me comprends?

PERILLO. J'agirai comme il vous plaira. Faut-il que
je m'éloigne pour quelques jours, pour un aussi long
temps que vous le jugerez nécessaire? Parlez, mon
père, j'obéirai.

MAÎTRE BERNARD. Non, mon ami, tu resteras.
N'es-tu pas aussi de la famille?

PERILLO. Il est bien vrai que j'espérais en être, et
vous appeler toujours de ce nom de père que vous me
permettiez quelquefois de vous donner.

MAÎTRE BERNARD. Toujours, et tu ne nous quitteras
plus.

PERILLO. Mais vous me dites que ma présence peut
être nuisible ou fâcheuse. Quand ma vue ne devrait
causer qu'un moment de souffrance, la plus faible
impression, la plus légère pâleur sur ces traits chéris,
ô Dieu! plutôt que de lui coûter seulement une larme,

j'aimerais mieux recommencer le long chemin que je
viens de faire, et m'exiler à jamais de Palerme.

MAÎTRE BERNARD. Ne crains rien, j'arrangerai cela.

PERILLO. Aimez-vous mieux que j'aille loger dans
un autre quartier de la ville? Je puis trouver quelque
maison du faubourg (j'en avais une avant d'être
orphelin). J'y demeurerais enfermé tout le jour, afin
que mon retour fût ignoré; le soir seulement, n'est-ce
pas, ou le matin de bonne heure, je viendrais frapper
à votre porte et demander de ses nouvelles, car vous
concevez que sans cela je ne saurais…Elle souffre donc
beaucoup?

MAÎTRE BERNARD. Tu pleures, garçon? Écoute
donc, il ne faut pourtant pas nous désoler si vite. Cette
incompréhensible maladie ne nous a pas encore dit
son dernier mot. Elle dort dans ce moment-ci, et
je te l'ai dit, cela est de bon augure. Qui sait? Prenons
nos précautions tout doucement, avec ménagement.
Évitons, avant tout, qu'elle ne te voie trop vite; dans
l'état où elle est je n'oserais pas répondre…


## SCÈNE IV

*Les précédents*, DAME PÂQUE.

DAME PÂQUE. Votre fille vient de se réveiller; elle
voudrait…Ah! c'est vous, seigneur Perillo? Je suis
charmée de vous revoir.          [*Perillo salue.—A part.*

Encore un amoureux transi! Nous nous serions
bien passés de sa visite…          [*Haut, à son mari.*

Votre fille voudrait aller au jardin.

MAÎTRE BERNARD. Que me dites-vous là? Est-ce

que cela est possible! à peine depuis trois jours peut-elle se soutenir.

DAME PÂQUE. Elle est debout, elle se sent beaucoup mieux, le sommeil lui a fait grand bien. Elle veut marcher et respirer un peu.

MAÎTRE BERNARD. En vérité!          [*A Perillo.*

Tu vois, mon cher Antoine, que je ne me trompais pas tout à l'heure. Voici un changement, un heureux changement. Elle va venir, retire-toi un instant.

PERILLO. Elle va venir, et il faut que je m'éloigne! Si j'osais vous faire une demande...

MAÎTRE BERNARD. Qu'est-ce que c'est?

PERILLO. Laissez-moi la voir; je me cacherai derrière cette tapisserie; un seul moment, que je la voie passer!

MAÎTRE BERNARD. Je le veux bien, mais ne te montre point que je ne t'appelle; je vais tenter en ta faveur tout ce qui me sera possible;—et vous, dame Pâque, ne soufflez mot, je vous prie.

DAME PÂQUE. Sur vos affaires? Je n'en suis pas pressée; je n'aime pas les mauvaises commissions. Voici votre fille; je vais au jardin porter mon grand fauteuil auprès de la fontaine.

[*Perillo se cache derrière une tapisserie.*

### SCÈNE V

MAÎTRE BERNARD, PERILLO (*caché*), CARMOSINE.

CARMOSINE. Eh bien, mon père, vous êtes inquiet, vous me regardez avec surprise? Vous ne vous attendiez pas, n'est-il pas vrai, à me voir debout

comme une grande personne? C'est pourtant bien
moi.                              [*Elle l'embrasse.*
    Me reconnaissez-vous?

MAÎTRE BERNARD. C'est de la joie que j'éprouve,
et aussi de la crainte. Es-tu bien sûre de n'avoir pas
trop de courage?

CARMOSINE. Oh! je voulais vous surprendre bien
davantage encore, mais je vois que ma mère m'a trahie.
Je voulais aller au jardin toute seule, et vous faire dire
en confidence qu'une belle dame de Palerme vous
demandait. Vous auriez pris bien vite votre belle robe
de velours noir, votre bonnet neuf, et comme j'avais
un masque...Eh bien! qu'auriez-vous dit?

MAÎTRE BERNARD. Qu'il n'y a rien d'aussi charmant
que toi; ainsi ta ruse eût été inutile. Hélas! ma bonne
Carmosine, qu'il y a longtemps que je ne t'ai vue
sourire!

CARMOSINE. Oui, je suis toute gaie, toute légère,
je ne sais pourquoi...C'est que j'ai fait un rêve.
Vous souvenez-vous de Perillo?

MAÎTRE BERNARD. Assurément. Que veux-tu dire?
                                  [*A part.*
C'est singulier; jamais elle ne parlait de lui.

CARMOSINE. J'ai rêvé que j'étais sur le pas de notre
porte. On célébrait une grande fête. Je voyais les
personnes de la ville passer devant moi vêtues de
leurs plus beaux habits, les grandes dames, les cavaliers...Non, je me trompe, c'étaient des gens comme
nous, tous nos voisins d'abord, et nos amis, puis une
foule, une foule innombrable qui descendait par la
Grand'Rue, et qui se renouvelait sans cesse; plus le
flot s'écoulait, plus il grossissait, et tout ce monde se
dirigeait vers l'église, qui resplendissait de lumière.

J'entendais de loin le bruit des orgues, les chants
sacrés, et une musique céleste formée de l'accord des
harpes et de voix si douces, que jamais pareil son n'a
frappé mon oreille. La foule paraissait impatiente
d'arriver le plus tôt possible à l'église, comme si
quelque grand mystère, unique, impossible à revoir
une seconde fois, s'accomplissait. Pendant que je
regardais tout cela, une inquiétude étrange me
saisissait aussi, mais je n'avais point envie de suivre
les passants. Au fond de l'horizon, dans une vaste
plaine entourée de montagnes, j'apercevais un
voyageur marchant péniblement dans la poussière.
Il se hâtait de toutes ses forces; mais il n'avançait
qu'à grand'peine, et je voyais très clairement qu'il
désirait venir à moi. De mon côté, je l'attendais; il me
semblait que c'était lui qui devait me conduire à cette
fête. Je sentais son désir et je le partageais; j'ignorais
quels obstacles l'arrêtaient; mais, dans ma pensée,
j'unissais mes efforts aux siens; mon cœur battait avec
violence, et pourtant je restais immobile, sans pouvoir
faire un pas vers lui. Combien de temps dura cette
vision, je n'en sais rien, peut-être une minute; mais,
dans mon rêve, c'étaient des années. Enfin, il ap-
procha et me prit la main; aussitôt la force irrésistible
qui m'attachait à la même place cessa tout à coup, et
je pus marcher. Une joie inexprimable s'empara de
moi; j'avais brisé mes liens, j'étais libre. Pendant que
nous partions tous deux avec la rapidité d'une flèche,
je me retournai vers mon fantôme, et je reconnus
Perillo.

MAÎTRE BERNARD. Et c'est là ce qui t'a donné cette
gaieté inattendue?

CARMOSINE. Sans doute. Jugez de ma surprise

lorsqu'en m'éveillant tout à coup, je trouvai que mon rêve était vrai dans ce qu'il avait d'heureux pour moi, c'est-à-dire que je pouvais me lever et marcher sans aucune peine. Ma première pensée a été tout de suite de venir vous sauter au cou; après cela, j'ai voulu faire de l'esprit, mais j'ai échoué dans mon entreprise.

MAÎTRE BERNARD. Eh bien! ma chère, puisque ce songe t'a mise de si bonne humeur, et puisqu'il est vrai sur ce point, apprends qu'il l'est aussi sur un autre. J'hésitais à t'en informer, mais maintenant je n'ai plus de scrupule: Perillo est dans cette ville.

CARMOSINE. Vraiment! depuis quand?

MAÎTRE BERNARD. De ce matin même, et tu le verras quand tu voudras. Le pauvre garçon sera bien heureux, car il t'aime plus que jamais. Dis un mot, et il sera ici.

CARMOSINE. Vous m'effrayez. Il y est peut-être!

MAÎTRE BERNARD. Non, mon enfant, non, pas encore; il attend qu'on l'avertisse pour se montrer. Est-ce que tu ne serais pas bien aise de le voir? Il ne t'a pas déplu dans ton rêve; il ne te déplaisait pas jadis. Il est docteur en droit à présent: c'est un personnage que ce bambin, avec qui tu jouais à cligne-musette, et c'est pour toi qu'il a étudié, car tu sais qu'il a ma parole. Je ne voulais pas t'en parler, mais grâce à Dieu...

CARMOSINE. Jamais! jamais!

MAÎTRE BERNARD. Est-il possible? ton compagnon d'enfance, ce digne et excellent garçon, le fils unique de mon meilleur ami, tu refuserais de le voir? A-t-il rien fait pour que tu le haïsses?

CARMOSINE. Rien, non..., rien; je ne le hais pas; qu'il vienne, si vous voulez...Ah! je me sens mourir!

Maître Bernard. Calme-toi, je t'en prie; on ne fera rien contre ta volonté. Ne sais-tu pas que je te laisse maîtresse absolue de toi-même? Ce que je t'en ai dit n'a rien de sérieux, c'était pour savoir seulement ce que tu en aurais pensé dans le cas où par hasard... Mais il n'est pas ici, il n'est pas revenu, il ne reviendra pas. [*A part.*

Malheureux que je suis, qu'ai-je fait?

Carmosine. Je me sens bien faible. [*Elle s'assoit.*

Maître Bernard. Seigneur mon Dieu! il n'y a qu'un instant, tu te trouvais si bien, tu reprenais ta force! C'est moi qui ai détruit tout cela, c'est ma sotte langue que je n'ai pas su retenir! Hélas! pouvais-je croire que je t'affligerais? Ce pauvre Perillo était venu...Non, je veux dire...Enfin, c'était toi qui m'en avais parlé la première.

Carmosine. Assez, assez, au nom du ciel! il n'y a point de votre faute. Vous ne saviez pas..., vous ne pouviez pas savoir...Ce songe qui me semblait heureux, j'y vois clair maintenant, il me fait horreur!

Maître Bernard. Carmosine, ma fille bien-aimée! par quelle fatalité inconcevable...

[*Perillo écarte la tapisserie sans être vu de Carmosine; il fait un signe d'adieu à Bernard, et sort doucement.*

Carmosine. Que regardez-vous donc, mon père?

Maître Bernard. Qu'as-tu, toi-même? tu pâlis, tu frissonnes; qu'éprouves-tu? Écoute-moi; il y a dans ta pensée un secret que je ne connais pas, et ce secret cause ta souffrance; je ne voudrais pas te le demander; mais, tant que je l'ignorerai, je ne puis te guérir, et je ne peux pas te laisser mourir. Qu'as-tu dans le cœur? explique-toi.

CARMOSINE. Cela me fait beaucoup de mal, lorsque vous me parlez ainsi.

MAÎTRE BERNARD. Que veux-tu? Je te le répète, je ne peux pas te laisser mourir. Toi si jeune, si forte, si belle! Doutes-tu de ton père? Ne diras-tu rien? T'en iras-tu comme cela? Nous sommes riches, mon enfant; si tu as quelques désirs..., les jeunes filles sont parfois bien folles, qu'importe? il te faut un mot, rien de plus, un mot dit à l'oreille de ton père. Le mal dont tu souffres n'est pas naturel; ces faux espoirs que tu nous donnes, ces moments de bien-être que tu ressens, pour nous rejeter ensuite dans les craintes plus graves; toutes ces contradictions dans tes paroles, tous ces changements inexplicables, sont un supplice! Tu te meurs, mon enfant, je deviendrai fou; veux-tu faire mourir de douleur ton pauvre père qui te supplie?

[*Il se met à genoux.*

CARMOSINE. Vous me brisez, vous me brisez le cœur!

MAÎTRE BERNARD. Je ne puis pas me taire, il faut que tu le saches. Ta mère dit que tu es malade d'amour,...elle a été jusqu'à nommer quelqu'un...

CARMOSINE. Prenez pitié de moi! [*Elle s'évanouit.*

MAÎTRE BERNARD. Ah! misérable, tu assassines ta fille! Ta fille unique, bourreau que tu es! Holà, Michel! holà, ma femme! Elle se meurt, je l'ai tuée, voilà mon enfant morte!

## SCÈNE VI

*Les précédents*, DAME PÂQUE.

DAME PÂQUE. Que voulez-vous ? Qu'est-il arrivé ?

MAÎTRE BERNARD. Vite du vinaigre, des sels, ce flacon, là, sur cette table !

DAME PÂQUE (*donnant le flacon*). J'étais bien sûre que votre Perillo nous ferait ici de mauvaise besogne.

MAÎTRE BERNARD. Paix ! sur le salut de votre âme ! La voici qui rouvre les yeux.

DAME PÂQUE. Eh bien ! mon pauvre ange, ma chère Carmosine, comment te sens-tu à présent ?

CARMOSINE. Très bien. Où allez-vous, mon père ? Ne me quittez pas.

MAÎTRE BERNARD. Laissez-moi ! laissez-moi !

DAME PÂQUE. Que veux-tu ?

CARMOSINE. Je ne veux rien ; pourquoi mon père s'en va-t-il ?

MAÎTRE BERNARD. Pourquoi ? pourquoi ? parce que tout est perdu. Que Dieu me juge !

CARMOSINE. Restez, mon père, ne vous inquiétez pas ; tout cela finira bientôt.

DAME PÂQUE. Ser Vespasiano vient souper avec nous ; seras-tu assez forte pour te mettre à table ?

CARMOSINE. Certainement, j'essayerai.

DAME PÂQUE (*à son mari*). Voyez-vous cela ! elle y consent.

MAÎTRE BERNARD (*à sa femme*). Que le diable vous emporte, vous et votre marotte ! Vous ne comprenez donc rien à rien ?

CARMOSINE. Me voilà tout à fait bien maintenant.

Le souper est-il prêt? Venez, mon père; donnez-moi
le bras pour descendre.

DAME PÂQUE. J'ai ordonné qu'on apportât la table
ici. Ne te dérange pas, n'essaye pas de marcher.
Voici le seigneur Vespasiano.

MAÎTRE BERNARD (*à part*). La peste soit du sot
empanaché!

## SCÈNE VII

*Les précédents*, SER VESPASIANO.

SER VESPASIANO. Bonsoir, chère dame. Salut,
maître Bernard.

MAÎTRE BERNARD. Bonjour; ne parlez pas si haut.

SER VESPASIANO. Que vois-je! la perle de mon âme
à demi privée de sentiment! Ses yeux d'azur presque
fermés à la lumière, et les lis remplaçant les roses!

DAME PÂQUE. C'est le troisième accès depuis deux
jours.

SER VESPASIANO. Père infortuné! tendre mère!
combien je sympathise avec votre douleur!

CARMOSINE (*à Bernard qui veut sortir*). Mon père
ne vous éloignez pas!

SER VESPASIANO (*à Bernard*). Votre aimable fille
vous rappelle, maître Bernard.

MAÎTRE BERNARD. Allez au diable, monsieur, et
laissez-nous en repos chez nous.

[*On apporte le souper.*

CARMOSINE (*à son père*). Ne soyez donc pas triste;
venez près de moi. Je veux vous verser un verre de
vin.

Maître Bernard (*assis près d'elle*). O mon enfant !
que ne puis-je t'offrir ainsi tout le sang que la vieillesse
a laissé dans mes veines, pour ajouter un jour à tes
jours !                                              [*Il boit.*

Ser Vespasiano (*s'asseyant près de la dame Pâque*).
Après ce que votre mari vient de me dire, je ne sais
si je dois rester.

Dame Pâque. Plaisantez-vous ? est-ce qu'un homme
de votre mérite fait attention à de pareilles choses ?

Ser Vespasiano. Il est vrai. Voilà un rôti qui a
une terrible mine.

Carmosine (*à son père*). Dites-moi, qu'est-ce qu'il
faut que je mange ? Conseillez-moi, donnez-moi votre
avis.

Maître Bernard. Pas de cela, ma chère, prends
ceci, oui, je crois du moins... ; hélas ! je ne sais pas.

Ser Vespasiano (*à dame Pâque*). Elle détourne les
yeux quand je la regarde. Croyez-vous que je réus-
sisse ?

Dame Pâque. Hélas ! peut-on vous résister ?

Ser Vespasiano. Que ne m'est-il permis de fendre
mon cœur en deux avec ce poignard, et d'en offrir la
moitié à une personne que je respecte...Il m'est
impossible de m'expliquer.

Dame Pâque. Et il m'est défendu de vous entendre.
                      [*On entend chanter dans la rue.*

Carmosine. N'est-ce pas la voix de Minuccio ?

Ser Vespasiano. Oui, ma reine toute belle ; c'est
Minuccio d'Arezzo lui-même. Il sautille sous ces
fenêtres, sa viole à la main.

Carmosine. Priez-le de monter ici, mon père ; il
égayera notre souper.

Maître Bernard (*à la fenêtre*). Holà ! Minuccio,

mon ami, viens ici souper avec nous. Le voilà qui
monte, il me fait signe de la tête.

SER VESPASIANO. C'est un musicien remarquable,
fort bon chanteur et joueur d'instruments. Le roi
l'écoute volontiers, et il a su, avec ses aubades, s'attirer
la protection des gens de cour. Il nous sonna fort
doucement l'autre soir d'une guitare qu'il avait
apportée, avec certaines amoureuses et tout à fait
gracieuses ariettes; nous sommes là une demi-
douzaine qui avons des bontés pour lui.

MAÎTRE BERNARD. En vérité? Eh bien, à mes yeux,
c'est là le moindre de ses mérites; non que je méprise
une bonne chanson, il n'y a rien qui aille mieux à table
avec un verre de cerigo; mais avant d'être un savant
musicien, un troubadour, comme on dit, Minuccio,
pour moi, est un honnête homme, un bon, loyal et
ancien ami, tout jeune et frivole qu'il paraît, ami
dévoué de notre famille, le meilleur peut-être qui nous
reste depuis la mort du père d'Antoine. Voilà ce que
je prise en lui, et j'aime mieux son cœur que sa viole.


## SCÈNE VIII

*Les précédents*, MINUCCIO.

CARMOSINE. Bonsoir, Minuccio. Puisque tu chantes
pour le vent qui passe, ne veux-tu pas chanter pour
nous?

MINUCCIO. Belle Carmosine, je chantais tout à
l'heure, mais maintenant j'ai envie de pleurer.

CARMOSINE. D'où te vient cette tristesse?

MINUCCIO. De vos yeux aux miens. Comment la

gaieté oserait-elle rester sur mon pauvre visage,
lorsqu'on la voit s'éteindre et mourir dans le sein
même de la fleur où l'on devrait la respirer?

CARMOSINE. Quelle est cette fleur merveilleuse?

MINUCCIO. La beauté. Dieu l'a mise au monde
dans trois excellentes intentions: premièrement, pour
nous réjouir; en second lieu, pour nous consoler; et
enfin, pour être heureuse elle-même. Telle est la vraie
loi de nature, et c'est pécher que de s'en écarter.

CARMOSINE. Crois-tu cela?

MINUCCIO. Il n'y a qu'à regarder. Trouvez sur
terre une chose plus gaie et plus divertissante à voir
qu'un sourire, quand c'est une belle fille qui sourit!
Quel chagrin y résisterait? Donnez-moi un joueur
à sec, un magistrat cassé, un amant disgracié, un
chevalier fourbu, un politique hypocondriaque, les
plus grands des infortunés, Antoine après Actium,
Brutus après Philippes, que dis-je? un sbire rogneur
d'écrits, un inquisiteur sans ouvrage; montrez à ces
gens-là seulement une fine joue couleur de pêche,
relevée par le coin d'une lèvre de pourpre où le sourire
voltige sur deux rangs de perles! Pas un ne s'en
défendra, sinon je le déclare indigne de pitié, car son
malheur est d'être un sot.

SER VESPASIANO (*à dame Pâque*). Il a du jargon, il
a du jargon; on voit qu'il s'est frotté à nous.

MINUCCIO. Si donc cette chose plus légère qu'une
mouche, plus insaisissable que le vent, plus impalpable
et plus délicate que la poussière de l'aile d'un papillon,
cette chose qui s'appelle une jolie femme, réjouit tout,
et console de tout, n'est-il pas juste qu'elle soit
heureuse, puisque c'est d'elle que le bonheur nous
vient? Le possesseur du plus riche trésor peut, il est

vrai, n'être qu'un pauvre, s'il enfouit ses ducats en
terre, ne donnant rien à soi ni aux autres; mais la
beauté ne saurait être avare. Dès qu'elle se montre,
elle se dépense, elle se prodigue sans se ruiner jamais;
au moindre geste, au moindre mot, à chaque pas qu'elle
fait, sa richesse lui échappe et s'envole autour d'elle
sans qu'elle s'en aperçoive, dans sa grâce comme un
parfum, dans sa voix comme une musique, dans son
regard comme un rayon de soleil. Il faut donc bien
que celle qui donne tant se fasse un peu, comme dit
le proverbe, la charité à elle-même, et prenne sa part
du plaisir qu'elle cause...Ainsi, Carmosine, souriez.

CARMOSINE. En vérité, ta folle éloquence mérite
qu'on la paye un tel prix. C'est toi qui es heureux,
Minuccio; ce précieux trésor dont tu parles, il est
dans ton joyeux esprit. Nous as-tu fait quelques
romances nouvelles?

[*Elle lui donne un verre qu'elle remplit.*

SER VESPASIANO. Hé! oui, l'ami, chante-nous donc
un peu cette chanson que tu nous as dite là-bas.

MINUCCIO. En quel endroit, magnanime seigneur?

SER VESPASIANO. Hé, par Dieu! mon cher, au
palais du roi.

MINUCCIO. Il me semblait, vaillant chevalier, que
le roi n'était pas là-bas, mais là-haut.

SER VESPASIANO. Comment cela, rusé compère?

MINUCCIO. N'avez-vous jamais vu les fantoccini?
Et ne sait-on pas que celui qui tient les fils est plus
haut placé que ses marionnettes? Ainsi s'en vont
deçà delà les petites poupées qu'il fait mouvoir, les
gros barons vêtus d'acier, les belles dames fourrées
d'hermine, les courtisans en pourpoint de velours,
puis la cohue des inutiles, qui sont toujours les plus

empressés...; enfin les chevaliers de fortune ou de hasard, si vous voulez, ceux dont la lance branle dans le manche et le pied vacille dans l'étrier.

SER VESPASIANO. Tu aimes, à ce qu'il paraît, les énumérations, mais tu oublies les baladins et les troubadours ambulants.

MINUCCIO. Votre invincible Seigneurie sait bien que ces gens-là ne comptent pas; ils ne viennent jamais qu'au dessert. Le parasite doit passer avant eux.

DAME PÂQUE (*à Ser Vespasiano*). Votre répartie l'a piqué au vif.

SER VESPASIANO. Elle était juste, mais un peu verte. Je ne sais si je ne devrais pas pousser encore plus loin des choses.

DAME PÂQUE. Vous vous moquez! qu'y a-t-il d'offensant?

SER VESPASIANO. Il a parlé d'étriers peu solides et de lances mal emmanchées; c'est une allusion détournée...

DAME PÂQUE. A votre chute de l'autre jour? Ce sont les hasards des combats.

SER VESPASIANO. Vous avez raison. Je meurs de soif. [*Il boit.*

UN DOMESTIQUE (*entrant*). On vient d'apporter cette lettre. [*Il la place devant maître Bernard et sort.*

CARMOSINE. A quoi songez-vous donc, mon père?

MAÎTRE BERNARD. A quoi je songe?... Que me veut-on?

DAME PÂQUE (*qui a pris la lettre*). C'est un message de votre cher Antoine.

MAÎTRE BERNARD. Donnez-moi cela. Poste soit des femmes et de leur fureur de bavarder!

CARMOSINE. Si cette lettre...

MAÎTRE BERNARD. Ce n'est rien, ma fille. C'est une lettre de Marc-Antoine, notre ami de Messine. Ta mère s'est trompée à cause de la ressemblance des noms.

CARMOSINE. Si cette lettre est de Perillo, lisez-la-moi, je vous en prie.

MAÎTRE BERNARD. Tranquillise-toi; je te répète...

CARMOSINE. Je suis très tranquille, donnez-la-moi. Il n'y a personne de trop ici. [*Elle lit.*

"A MON SECOND PÈRE, MAÎTRE BERNARD.

"Je vais bientôt quitter Palerme. Je remercie Dieu qu'il m'ait été permis d'approcher une dernière fois des lieux où a commencé ma vie, et où je la laisse tout entière. Il est vrai que, depuis six ans, j'avais nourri une chère espérance, et que j'ai tâché de tirer de mon humble travail ce qui pouvait me rendre digne de la promesse que vous m'aviez faite. Pardonnez-moi, j'ai vu votre chagrin, et j'ai entendu Carmosine..." O ciel!

MAÎTRE BERNARD. Je t'en supplie, rends-moi ce papier!

CARMOSINE. Laissez-moi, j'irai jusqu'au bout.
[*Elle continue.*
"Et j'ai entendu Carmosine dire que mon triste amour lui faisait horreur. Je me doutais depuis longtemps que cette application de ma pauvre intelligence à d'arides études ne porterait que des fruits stériles. Ne craignez plus qu'une seule parole échappée de mes lèvres tente de rappeler le passé, et de faire renaître le souvenir d'un rêve, le plus doux, le seul que j'aie fait, le seul que je ferai sur la terre. Il était trop beau pour être possible. Durant six ans, ce rêve

fut ma vie, il fut aussi tout mon courage. Maintenant
le malheur se montre à moi. C'était à lui que j'apparte-
nais, il devait être mon maître ici-bas. Je le salue,
et je vais le suivre. Ne songez plus à moi, monsieur;
vous êtes délié de votre promesse." 　　[*Un silence.*

Si vous le voulez bien, mon père, je vous demande-
rai une grâce.

MAÎTRE BERNARD. Tout ce qui te plaira, mon
enfant. Que veux-tu?

CARMOSINE. Que vous me permettiez de rester
seule un instant avec Minuccio, s'il y consent lui-
même; j'ai quelques mots à lui dire, et je vous le
renverrai au jardin.

MAÎTRE BERNARD. De tout mon cœur. 　　[*A part.*

Est-ce que, par hasard, elle se confierait à lui plutôt
qu'à moi-même? Dieu le veuille! car ce garçon-là ne
manquerait pas de m'instruire à son tour. Allons,
dame Pâque, venez çà.

CARMOSINE. Ser Vespasiano, j'ai lu devant vous
la lettre que vous venez d'entendre, afin que vous
sachiez que je ne fais point mystère du dessein où
je suis de ne me point marier, et pour vous montrer
en même temps que les engagements pris et le mérite
même ne sauraient changer ma résolution. Maintenant
donc, excusez-moi.


SCÈNE IX

MINUCCIO, CARMOSINE.

MINUCCIO. Vous êtes émue, Carmosine, cette lettre
vous a troublée.

CARMOSINE. Oui, je me sens faible. Écoute-moi

bien, car je ne puis parler longtemps. Minuccio, je t'ai choisi pour te confier un secret. J'espère d'abord que tu ne le révéleras à aucune créature vivante, sinon à celui que je te dirai ; ensuite, qu'autant qu'il te sera possible tu m'aideras, n'est-ce pas ? je t'en prie. Tu te rappelles, mon ami, cette journée où notre roi Pierre fit la grande fête de son exaltation. Je l'ai vu à cheval au tournoi, et je me suis prise pour lui d'un amour qui m'a réduite à l'état où je suis. Je sais combien il me convient peu d'avoir cet amour pour un roi, et j'ai essayé de m'en guérir ; mais comme je n'y saurais rien faire, j'ai résolu, pour moins de souffrance, d'en mourir, et je le ferai. Mais je m'en irais trop désolée s'il ne le savait auparavant, et, ne sachant comment lui faire connaître le dessein que j'ai pris, mieux que par toi (tu le vois souvent, Minuccio), je te supplie de le lui apprendre. Quand ce sera fait, tu me le diras, et je mourrai moins malheureuse.

MINUCCIO. Carmosine, je vous engage ma foi, et soyez sûre qu'en y comptant vous ne serez jamais trompée. Je vous estime d'aimer un si grand roi. Je vous offre mon aide, avec laquelle j'espère, si vous voulez prendre courage, faire de sorte qu'avant trois jours je vous apporterai des nouvelles qui vous seront extrêmement chères ; et, pour ne point perdre le temps, j'y vais tâcher dès aujourd'hui.

CARMOSINE. Je t'en supplie encore une fois.

MINUCCIO. Jurez-moi d'avoir du courage.

CARMOSINE. Je te le jure. Va avec Dieu.

# ACTE DEUXIÈME

*Au palais du roi. Une salle. Une galerie au fond.*

## SCÈNE PREMIÈRE

PERILLO, UN OFFICIER DU PALAIS.

PERILLO. Je puis attendre ici ?

L'OFFICIER. Oui, Monsieur. En rentrant au palais, le roi va s'arrêter dans cette galerie, et toutes les personnes qui s'y trouvent peuvent approcher de Sa Majesté. [*Il sort.*

PERILLO (*seul*). On ne m'avait point trompé; Pierre conserve ici cette noble coutume que pratiquait naguère en France le saint roi Louis de ne point celer la majesté royale, et de la montrer accessible à tous. Je vais donc lui parler, et un mot de sa bouche peut tout changer dans mon existence. N'aurais-je pas hésité hier, n'aurais-je pas été bien troublé, bien gêné dans la cour de ce roi conquérant, qui se fait craindre autant qu'on l'aime ? Tout m'est indifférent aujourd'hui : ce palais où habite la puissance, où règnent toutes les passions, toutes les vanités et toutes les haines, est plus vide pour moi qu'un désert. Que pourrais-je redouter auprès de ce que j'ai souffert ? Le désespoir ne vit que d'une pensée, et anéantit tout le reste.

## SCÈNE II

PERILLO, MINUCCIO.

MINUCCIO (*marchant à grands pas*).

> Va dire, Amour, ce qui cause ma peine,
> S'il ne me vient...

Ce n'est pas cela; j'avais débuté autrement.

PERILLO (*à part*). Voici un homme bien préoccupé;
il n'a pas l'air de m'apercevoir.

MINUCCIO (*continuant*).

> S'il ne me vient ou me veut secourir,
> Craignant, hélas?...

Voilà qui est plaisant. En achevant mes derniers
vers, j'ai oublié net les premiers. Faudra-t-il donc
refaire mon commencement? J'oublierai à son tour
ma fin pendant ce temps-là, et il ne tient qu'à moi
d'aller ainsi de suite jusqu'à l'éternité, versant les
eaux de Castalie dans la tonne des Danaïdes! Et
point de crayon! point d'écritoire! Voyons un peu
ce que chantait ce pédant...Eh bien! où diable l'ai-je
fourré?

> [*Il fouille dans ses poches et en tire un papier.*

PERILLO (*à part*). Ce personnage ne m'est point
inconnu: est-ce l'absence ou le chagrin qui me trouble
ainsi la mémoire? Il me semble l'avoir vu quand
j'étais enfant; en vérité, cela est étrange! j'ai oublié
le nom de cet homme, et je me souviens de l'avoir
aimé.

MINUCCIO (*à lui-même*). Rien de tout cela ne peut
m'être utile; pas un mot n'a le sens commun. Non,
je ne crois pas qu'il y ait au monde une chose plus

impatientante, plus plate, plus creuse, plus nauséa-
bonde, plus inutilement boursouflée, qu'un imbécile
qui vous plante un mot à la place d'une pensée, qui
écrit à côté de ce qu'il voudrait dire, et qui fait de
Pégase un cheval de bois comme aux courses de
bagues, pour s'y essouffler l'âme à accrocher ses rimes !
Aussi, où avais-je la tête, d'aller demander à ce
Cipolla de me composer une chanson sur les idées
d'une jeune fille amoureuse ? Mettre l'esprit d'un
ange dans la cervelle d'un cuistre ! Et point de crayon,
bon Dieu ! point de papier ! Ah ! voici un jeune homme
qui porte une écritoire...     [*Il s'approche de Perillo.*

Pardonnez-moi, Monsieur, pourrais-je vous demander !...Je voudrais écrire deux mots, et je ne sais
comment...

PERILLO (*lui donnant l'écritoire qui est suspendue à
sa ceinture*). Très volontiers, Monsieur. Pourrais-je,
à mon tour, vous adresser une question ? oserais-je
vous demander qui vous êtes ?

MINUCCIO (*tout en écrivant*). Je suis poëte, Monsieur,
je fais des vers, et dans ce moment-ci je suis furieux.

PERILLO. Si je vous importune...

MINUCCIO. Point du tout ; c'est une chanson que
je suis obligé de refaire, parce qu'un charlatan me l'a
manquée. D'ordinaire, je ne me charge que de la
musique, car je suis joueur de viole, Monsieur, et de
guitare, à votre service ; vous semblez nouveau à la
cour, et vous aurez besoin de moi. Mon métier, à vrai
dire, est d'ouvrir les cœurs ; j'ai l'entreprise générale
des bouquets et des sérénades, je tiens magasin de
flammes et d'ardeurs, d'ivresses et de délires, de
flèches et de dards, et autres locutions amoureuses,
le tout sur des airs variés ; j'ai un grand fonds de

soupirs languissants, de doux reproches, de tendres
bouderies, selon les circonstances et le bon plaisir
des dames; j'ai un volume in-folio de brouilles (pour
les raccommodements, ils se font sans moi); mais les
promesses surtout sont innombrables, j'en possède
une lieue de long sur parchemin vierge, les majuscules
peintes et les oiseaux dorés; bref, on ne s'aime guère
ici que je n'y sois, et on se marie encore moins; il n'est
si mince et si leste écolier, si puissant ni si lourd
seigneur qui ne s'appuie sur l'archet de ma viole; et
que l'amour monte au son des aubades les degrés de
marbre d'un palais, ou qu'il escalade sur un brin de
corde le grenier d'une toppatelle, ma petite muse est
au bas de l'échelle.

PERILLO. Tu es Minuccio d'Arezzo?

MINUCCIO. Vous l'avez dit: vous me connaissez
donc?

PERILLO. Et toi, tu ne me reconnais donc pas?
As-tu oublié aussi Perillo?

MINUCCIO. Antoine! vive Dieu! combien l'on a
raison de dire qu'un poëte en travail ne sait plus le
nom de son meilleur ami! moi qui ne rimais que par
occasion, je ne me suis pas souvenu du tien!

[*Il l'embrasse.*

Et depuis quand dans cette ville?

PERILLO. Depuis peu de temps,...et pour peu de
temps.

MINUCCIO. Qu'est-ce à dire? Je supposais que tu
allais me répondre: Pour toujours! Est-ce que tu
n'arrives pas de Padoue?

PERILLO. Laissons cela. Tu viens donc à la cour?

MINUCCIO (*à part*). Sot que je suis! j'oubliais la
lettre que Carmosine nous a lue! A quoi rêve donc

mon esprit? Décidément la raison m'abandonne;
je suis plus poëte que je ne croyais. Pauvre garçon!
il doit être bien triste, et en conscience je ne sais trop
que lui dire...                                    [*Haut.*

Oui, mon ami, le roi me permet de venir ici de
temps en temps, ce qui fait que j'ai l'air d'y être
quelqu'un; mais toute ma faveur consiste à me pro-
mener en long et en large. On me croit l'ami du roi,
je ne suis qu'un de ses meubles, jusqu'à ce qu'il plaise
à Sa Majesté de me dire en sortant de table: Chante-
moi quelque chose, que je m'endorme. Mais toi, qui
t'amène en ce pays?

Perillo. Je viens tâcher d'obtenir du service dans
l'armée qui marche sur Naples.

Minuccio. Tu plaisantes! toi, te faire soldat, au
sortir de l'école de droit?

Perillo. Je t'assure, Minuccio, que je ne plaisante
pas.

Minuccio (*à part*). En vérité, son sang-froid me
fait peur; c'est celui du désespoir. Qu'y faire? il
l'aime, et elle ne l'aime pas.                     [*Haut.*

Mais, mon ami, as-tu bien réfléchi à cette résolution
que tu prends si vite? Songes-tu aux études que tu
viens de faire, à la carrière qui s'ouvre devant toi?
Songes-tu à l'avenir, Perillo?

Perillo. Oui, et je n'y vois de certain que la mort.

Minuccio. Tu souffres d'un chagrin. Je ne t'en
demande pas la cause — je ne cherche pas à la pénétrer.
Mais je me trompe fort, ou, dans ce moment-ci, tu
cèdes à un conseil de ton mauvais génie. Crois-moi,
avant de te décider, attends encore quelques jours.

Perillo. Celui qui n'a plus rien à craindre ni
à espérer n'attend pas.

MINUCCIO. Mais si je t'en priais, si je te demandais comme une grâce de ne point te hâter ?

PERILLO. Que t'importe ?

MINUCCIO. Tu me fais injure. Il me semblait que tout à l'heure tu m'avais pris pour un de tes amis. Écoute-moi — le temps presse — le roi va arriver. Je ne puis t'expliquer clairement ni librement ce que je pense...Encore une fois, ne fais rien aujourd'hui. Est-ce donc si long d'attendre à demain ?

PERILLO. Aujourd'hui ou demain, ou un autre jour, ou dans dix ans, dans vingt ans, si tu veux, c'est la même chose pour moi ; j'ai cessé de compter les heures.

MINUCCIO. Par Dieu ! tu me mettrais en colère ! Ainsi donc, moi qui t'ai bercé lorsque j'étais un grand enfant et que tu en étais un petit, il faut que je te laisse aller à ta perte sans essayer de t'en empêcher, maintenant que tu es un grand garçon et moi un homme. Je ne puis rien obtenir ? Que vas-tu faire ? Tu as quelque blessure au cœur ; qui n'a la sienne ? Je ne te dis pas de combattre à présent ta tristesse, mais de ne pas t'attacher à elle et t'y enchaîner sans retour, car il viendra un temps où elle finira. Tu ne peux pas le croire, n'est-ce pas ? Soit, mais retiens ce que je vais te dire : Souffre maintenant s'il le faut, pleure si tu veux, et ne rougis point de tes larmes ; montre-toi le plus malheureux et le plus désolé des hommes ; loin d'étouffer ce tourment qui t'oppresse, déchire ton sein pour lui ouvrir l'issue, laisse-le éclater en sanglots, en plaintes, en prières, en menaces ; mais, je te le répète, n'engage pas l'avenir ! Respecte ce temps que tu ne veux plus compter, mais qui en sait plus long que nous, et, pour une douleur qui doit être passagère, ne te prépare pas la plus durable de toutes, le regret, qui ravive la souffrance épuisée, et qui empoisonne le souvenir!

PERILLO. Tu peux avoir raison. Dis-moi, vois-tu quelquefois maître Bernard?

MINUCCIO. Mais oui..., sans doute,...comme par le passé...

PERILLO. Quand tu le verras, Minuccio, tu lui diras...

## SCÈNE III

*Les précédents*, SER VESPASIANO.

SER VESPASIANO (*en entrant*). J'attendrai! c'est bon, j'attendrai! Messeigneurs, je vous annonce le roi.

[*A Minuccio.*

Ah! c'est toi, bel oiseau de passage! Je t'ai mené hier un peu rudement, à souper chez cette petite; mais je ne veux pas que tu m'en veuilles. Que diable, aussi! tu t'attaques à moi, sous les regards de la beauté!

MINUCCIO. Je vous assure, seigneur, que je n'ai point de rancune, et que, si vous m'aviez fâché, vous vous en seriez douté tout de suite.

SER VESPASIANO. Je l'entends ainsi; il y a place pour tous. Si tu t'avisais, dans ce palais, de gouailler un homme de ma sorte, on ne laisserait point passer cela; mais tu conçois que je déroge un peu quand je vais chez la Carmosine, et qu'on n'est plus là sur ses grands chevaux.

MINUCCIO. Vous êtes trop bon de n'y pas monter. S'il ne s'agissait que de vous en faire descendre...

SER VESPASIANO. Ne te fâche pas, je te pardonne.

En vérité, je joue depuis hier, en toute chose, d'un merveilleux guignon. Il faut que je t'en fasse le récit.

Perillo (à part). Quelle espèce d'homme est-ce là? Il a parlé de Carmosine.

Ser Vespasiano. Je t'ai dit combien j'aurais à cœur de posséder ces champs de Ceffalù et de Calata-bellotte; tu n'ignores pas où ils sont situés?

Minuccio. Pardonnez-moi, illustrissime.

Ser Vespasiano. Ce sont des terres à fruits, près de mes pâturages.

Minuccio. Mais vos pâturages, où sont-ils?

Ser Vespasiano. Hé, parbleu! près de Ceffalù et de Calata...

Minuccio. J'entends bien, mais quand j'y ai été, autant qu'il peut m'en souvenir, il n'y avait là que des pierres et des moustiques.

Ser Vespasiano. Calatabellotte est un lieu fertile.

Minuccio. Oui, mais autour de ce lieu fertile je dis qu'il n'y a...

Ser Vespasiano. Tu es un badin. Je souhaitais d'avoir ces terres, non pour le bien qu'elles rapportent, mais seulement pour m'arrondir; cela m'encadrait singulièrement. Le roi, à qui elles appartiennent, se refusait à me les céder, se réservant, à ce qu'il prétendait, de m'en faire don le jour de mes noces. L'intention était galante. Hier, sur un avis que je reçus de cette bonne dame Pâque...

Perillo. Se pourrait-il?

Ser Vespasiano. Vous la connaissez? Ce sont de petites gens, mais de bonnes gens, chez qui je vais le soir me débrider l'esprit et me débotter l'imagina-tion. La fille a de beaux yeux, c'est vous en dire assez; car si ce n'était cela...

MINUCCIO. Et la dot?

SER VESPASIANO. Eh bien! oui, si tu veux, la dot. Ces gens de peu, cela amasse, mais ce n'est point ce dont je me soucie. Il suffit que l'enfant me plaise; j'en avais touché un mot à la mère, et la bonne femme s'était prosternée. Hier donc, on m'invite à souper, et je m'attendais à une affaire conclue...Devines-tu, maintenant, beau trouvère?

MINUCCIO. Un peu moins qu'avant de vous entendre.

SER VESPASIANO. Ce bouffon-là goguenarde toujours. Eh, mordieu! au lieu d'un festin et d'une joyeuse fiancée, voilà des visages en pleurs, une créature à demi pâmée, et on me régale d'un écrit...

MINUCCIO (*bas à Vespasiano*). Taisez-vous, pour l'amour de Dieu!

SER VESPASIANO. Pourquoi donc en faire un mystère, quand la fillette elle-même m'a dit qu'elle n'en fait point? Quelle épître, bon Dieu! quelle lettre! quatre pages de lamentations...

MINUCCIO (*bas*). Vous oubliez que j'étais là, et que j'en sais autant que vous.

SER VESPASIANO. Mais non, pas du tout, c'est que tu ne sais rien, car tout le piquant de l'affaire, c'est que j'avais annoncé mon mariage au roi.

MINUCCIO. Et vous comptiez sur Ceffalù?

SER VESPASIANO. Et Calatabellotte, cela va sans dire. A présent, que vais-je répondre, quand le roi, rentrant au palais, va me crier d'abord du haut de son destrier: Eh bien! chevalier Vespasiano, où en êtes-vous de vos épousailles? Cela est fort embarrassant. Tu me diras qu'en fin de compte la belle ne saurait m'échapper, je le sais bien; mais pourquoi tant de

façons ? Ces airs de caprice, quand je consens à tout,
sont blessants et hors de propos.

Perillo (*bas à Minuccio*). Minuccio, que veut dire
tout ceci ?

Minuccio (*bas*). Ne vois-tu pas quel est le personnage ?

Ser Vespasiano. Du reste, ce n'est pas précisément
à la Carmosine que j'en veux, mais à ses sots parents ;
car, pour ce qui la regarde, son intention était bien
claire en me lisant cette lettre d'un rival dédaigné.

Minuccio. Son intention était claire, en effet ; elle
vous a dit qu'elle voulait rester fille.

Ser Vespasiano. Bon ! ce sont de ces petits détours,
de ces coquetteries aimables où l'amour ne se trompe
point. Quand une belle vous déclare qu'elle ne saurait
s'accommoder de personne, cela signifie : Je ne veux
que de vous.

Perillo. Qui avait écrit, s'il vous plaît, cette lettre
dont vous parlez ?

Ser Vespasiano. Je ne sais qui, un certain Antoine,
un clerc, je crois, un homme de la basoche...

Perillo. J'ai l'honneur d'en être un, Monsieur, et
je vous prie de parler autrement.

Ser Vespasiano. Je suis gentilhomme et chevalier.
Parlez vous-même d'autre sorte.

Minuccio (*à Ser Vespasiano*). Et moi, je vous
conseille de ne pas parler du tout.        [*A Perillo.*
Es-tu fou, Perillo, de provoquer un fou ?

Perillo (*tandis que Ser Vespasiano s'éloigne*).
O Minuccio ! ma pauvre lettre ! mon pauvre adieu
écrit avec mes larmes, le plus pur sanglot de mon
cœur, la chose la plus sacrée du monde, le dernier
serrement de main d'un ami qui nous quitte, elle a

montré cela, elle l'a étalé aux regards de ce misérable !
O ingrate ! ingénéreuse fille ! elle a souillé le sceau de
l'amitié, elle a prostitué ma douleur ! Ah ! Dieu ! je te
disais tout à l'heure que je ne pouvais plus souffrir ;
je n'avais pas pensé à cela.

MINUCCIO. Promets-moi du moins...

PERILLO. Ne crains rien. Je n'ai pas été maître
d'un mouvement d'impatience ; mais tout est fini,
je suis calme.

[*Regardant Ser Vespasiano qui se promène sur la scène.*

Pourquoi en voudrais-je à cet inconnu, à cet
automate ridicule que Dieu fait passer sur ma route ?
Celui-là ou tout autre, qu'importe ? Je ne vois en lui
que la Destinée, dont il est l'aveugle instrument, je
crois même qu'il en devait être ainsi. Oui, c'est une
chose très ordinaire. Quand un homme sincère et
loyal est frappé dans ce qu'il a de plus cher, lorsqu'un
malheur irréparable brise sa force et tue son espérance,
lorsqu'il est maltraité, trahi, repoussé par tout ce qui
l'entoure, presque toujours, remarque-le, presque
toujours c'est un faquin qui lui donne le coup de
grâce, et qui, par hasard, sans le savoir, rencontrant
l'homme tombé à terre, marche sur le poignard qu'il
a dans le cœur.

MINUCCIO. Il faut que je te parle, viens avec moi ;
il faut que tu renonces à ce projet que tu as...

PERILLO. Il est trop tard.

## SCÈNE IV

*Les précédents,* L'Officier du Palais.

*La salle se remplit de monde.*

L'Officier. Faites place, retirez-vous.

Ser Vespasiano (*à Minuccio*). Tu es donc lié particulièrement avec ce jeune homme? Dis-moi donc, penses-tu que je ne doive pas me considérer comme offensé?

Minuccio. Vous, magnifique chevalier?

Ser Vespasiano. Oui, il m'a voulu imposer silence.

Minuccio. Eh bien! ne l'avez-vous pas gardé?

Ser Vespasiano. C'est juste. Voici Leurs Majestés. Le roi paraît un peu courroucé; il faut pourtant que je lui parle à tout prix; car tu comprends que je n'attendrai pas qu'il me somme de m'expliquer.

Minuccio. Et sur quoi?

Ser Vespasiano. Sur mon mariage.

## SCÈNE V

*Les précédents,* Le Roi, La Reine.

Le Roi. Que je n'entende jamais pareille chose! Ce malheureux royaume est-il donc si maudit du ciel, si ennemi de son repos, qu'il ne puisse conserver la paix au dedans, tandis que je fais la guerre au dehors! Quoi! l'ennemi est à peine chassé, il se montre encore sur nos rivages, et lorsque je hasarde pour vous ma propre vie et celle de l'infant, je ne puis revenir un instant ici sans avoir à juger vos disputes!

La Reine. Pardonnez-leur au nom de votre gloire
et du nouveau succès de vos armes.

Le Roi. Non, par le ciel! car ce sont eux précisément qui me feraient perdre le fruit de ces combats,
avec leurs discordes honteuses, avec leurs querelles de
paysans! Celui-là, c'est l'orgueil qui le pousse, et
celui-ci, c'est l'avarice. On se divise pour un privilége,
pour une jalousie, pour une rancune; pendant que la
Sicile tout entière réclame nos épées, on tire les
couteaux pour un champ de blé. Est-ce pour cela que
le sang français coule encore depuis les Vêpres? Quel
fut alors votre cri de guerre? La liberté, n'est-ce pas,
et la patrie! et tel est l'empire de ces deux grands mots,
qu'ils ont sanctifié la vengeance. Mais de quel droit
vous êtes-vous vengés, si vous déshonorez la victoire?
Pourquoi avez-vous renversé un roi, si vous ne savez
pas être un peuple?

La Reine. Sire, ont-ils mérité cela?

Le Roi. Ils ont mérité pis encore, ceux qui troublent
le repos de l'État, ceux qui ignorent ou feignent
d'ignorer que, lorsqu'une nation s'est levée dans sa
haine et dans sa colère, il faut qu'elle se rassoie,
comme le lion, dans son calme et sa dignité.

La Reine (à demi-voix aux assistants). Ne vous
effrayez pas, bonnes gens. Vous savez combien il vous
aime.

Le Roi. Nous sommes tous solidaires, nous
répondons tous des hécatombes du jour de Pâques.
Il faut que nous soyons amis, sous peine d'avoir
commis un crime. Je ne suis pas venu chez vous
pour ramasser sous un échafaud la couronne de
Conradin, mais pour léguer la mienne à une nouvelle
Sicile. Je vous le répète, soyez unis; plus de dissenti-

ments, de rivalité, chez les grands comme chez les petits; sinon, si vous ne voulez pas; si, au lieu de vous entr'aider, comme la loi divine l'ordonne, vous manquez au respect de vos propres lois, par la croix-Dieu! je vous les rappellerai, et le premier de vous qui franchit la haie du voisin pour lui dérober un fétu, je lui fais trancher la tête sur la borne qui sert de limite à son champ...Jérôme, ôte-moi cette épée.

*[La foule se retire.*

LA REINE. Permettez-moi de vous aider.

LE ROI. Vous, ma chère! vous n'y pensez pas. Cette besogne est trop rude pour vos mains délicates.

LA REINE. Oh! je suis forte, quand vous êtes vainqueur. Tenez, don Pèdre, votre épée est plus légère que mon fuseau...Le prince de Salerne est donc votre prisonnier?

LE ROI. Oui, et monseigneur d'Anjou payera cher pour la rançon de ce vilain boiteux. Pourquoi ces gens-là s'en vont-ils?                    *[Il s'assoit.*

LA REINE. Mais, c'est que vous les avez grondés.

LE ROI. Oui, je suis bien barbare, bien tyran! n'est-ce pas, ma chère Constance?

LA REINE. Ils savent que non.

LE ROI. Je le crois bien; vous ne manquez pas de le leur dire, justement quand je suis fâché.

LA REINE. Aimez-vous mieux qu'ils vous haïssent? Vous n'y réussirez pas facilement. Voyez pourtant, ils se sont tous enfuis; votre colère doit être satisfaite. Il ne reste plus dans la galerie qu'un jeune homme qui se promène là, d'un air bien triste et bien modeste. Il jette de temps en temps vers nous un regard qui semble vouloir dire: Si j'osais! Tenez, je gagerais qu'il a quelque chose de très intéressant, de très mystérieux à vous confier. Voyez cette contenance craintive et respectueuse en même temps; je suis sûre que celui-là n'a pas de querelle avec ses voisins...Il s'en va...Faut-il l'appeler?

LE ROI. Si cela vous plaît.

[*La reine fait un signe à l'officier du palais, qui va avertir Perillo; celui-ci s'approche du roi et met un genou à terre. La reine s'assoit à quelque distance.*

As-tu quelque chose à me dire?

PERILLO. Sire, je crains qu'on ne m'ait trompé.

LE ROI. En quoi trompé?

PERILLO. On m'avait dit que le roi daignait permettre au plus humble de ses sujets d'approcher de sa personne sacrée, et de lui exposer...

LE ROI. Que demandes-tu?

PERILLO. Une place dans votre armée.

LE ROI. Adresse-toi à mes officiers.

[*Perillo se lève et s'incline.*

Pourquoi es-tu venu à moi?

PERILLO. Sire, la demande que j'ose faire peut décider de toute ma vie. Nous ne voyons pas la Providence, mais la puissance des rois lui ressemble, et Dieu leur parle de plus près qu'à nous.

LE ROI. Tu as bien fait, mais tu as un habit qui ne va guère avec une cuirasse.

PERILLO. J'ai étudié pour être avocat, mais aujourd'hui j'ai d'autres pensées.

LE ROI. D'où vient cela?

PERILLO. Je suis Sicilien, et Votre Majesté disait tout à l'heure...

LE ROI. L'homme de loi sert son pays tout aussi

bien que l'homme d'épée. Tu veux me flatter...
Ce n'est pas là ta raison.

PERILLO. Que Votre Majesté me pardonne...

LE ROI. Allons, voyons! parle franchement. Tu
as perdu au jeu, ou ta maîtresse est morte.

PERILLO. Non, Sire, non, vous vous trompez.

LE ROI. Je veux connaître le motif qui t'amène.

LA REINE. Mais, Sire, s'il ne veut pas le dire?

PERILLO. Madame, si j'avais un secret, je voudrais
qu'il fût à moi seul et qu'il valût la peine de vous
être dit.

LA REINE. S'il ne t'appartient pas, garde-le...Ce
n'est pas la moins rare espèce de courage.

LE ROI. Fort bien...Sais-tu monter à cheval?

PERILLO. J'apprendrai, Sire.

LE ROI. Tu t'imagines cela? Voilà de mes cavaliers
en herbe qui s'embarqueraient pour la Palestine, et
qu'un coup de lance jette à bas, comme ce pauvre
Ser Vespasiano!

LA REINE. Mais, Sire, est-ce donc si difficile? Il me
semble que moi, qui ne suis qu'une femme, j'ai appris
en fort peu de temps, et je ne craindrais pas votre
cheval de bataille.

LE ROI. En vérité!                    [A Perillo.
Comment t'appelles-tu?

PERILLO. Perillo, Sire.

LE ROI. Eh bien! Perillo, en venant ici, tu as trouvé
ton étoile. Tu vois que la reine te protège...Remercie-
la, et vends ton bonnet afin de t'acheter un casque.

    [Perillo s'agenouille de nouveau devant la reine,
    qui lui donne sa main à baiser.

LA REINE. Perillo, tu as raison de vouloir être
soldat plutôt qu'avocat. Laisse d'autres que toi faire

leur fortune en débitant de longs discours. La première cause de la tienne aura été (souviens-toi de cela)
la discrétion dont tu as fait preuve. Fais ton profit
de l'avis que je te donne, car je suis femme et curieuse,
et je puis te dire à bon escient, que la plus curieuse
des femmes, si elle s'amuse de celui qui parle, n'estime
que celui qui se tait.

LE ROI. Je vous dis qu'il a un chagrin d'amour et
cela ne vaut rien à la guerre.

PERILLO. Pour quelle raison, Sire?

LE ROI. Parce que les amoureux se battent toujours
trop ou trop peu, selon qu'un regard de leur belle
leur fait éviter ou chercher la mort.

PERILLO. Celui qui cherche la mort peut aussi la
donner.

LE ROI. Commence par là; c'est le plus sage.


SCÈNE VI

LE ROI, LA REINE, MINUCCIO, SER VESPASIANO,
PLUSIEURS DEMOISELLES, PAGES, ETC.

*Perillo, en sortant, rencontre Minuccio, et échange
quelques mots avec lui.*

LE ROI. Qui vient là-bas? N'est-ce pas Minuccio
avec ce troupeau de petites filles?

LA REINE. C'est lui-même, et ce sont mes cameristes
qui le tourmentent sans doute pour le faire chanter.
Oh! je vous en conjure, appelez-le! je l'aime tant!
personne à la cour ne me plaît autant que lui; il fait
de si jolies chansons!

LE ROI. Je l'aime aussi, mais avec moins d'ardeur.
Holà! Minuccio, approche, approche, et qu'on apporte

une coupe de vin de Chypre afin de le mettre en haleine. Il nous dira quelque chose de sa façon.

Minuccio (*à Vespasiano*). Retirez-vous, le roi m'a appelé.

Ser Vespasiano. Bon, bon, la reine m'a fait signe.

Minuccio (*à part*). Je ne m'en débarrasserai jamais. Il est cause que Perillo s'est échappé tantôt dans cette foule.

> [*Un valet apporte un flacon de vin; l'Officier remet en même temps un papier au roi qui le lit à l'écart.*

La Reine. Eh bien! petites indiscrètes, petites bavardes, vous voilà encore, selon votre habitude, importunant ce pauvre Minuccio!

Première Demoiselle. Nous voulons qu'il nous dise une romance.

Deuxième Demoiselle. Et des tensons.

Troisième Demoiselle. Et des jeux-partis.

La Reine (*à Minuccio*). Sais-tu que j'ai à me plaindre de toi? On te voit paraître quand le roi arrive, mais dès que je suis seule, tu ne te montres plus.

Ser Vespasiano (*s'avançant*). Votre Majesté est dans une grande erreur. Il ne se passe point de jour qu'on ne me voie en ce palais.

La Reine. Bonjour, Vespasiano, bonjour.

Minuccio (*à part*). Que va-t-il devenir maintenant? Il est soldat, il faut qu'il parte.

[*Le Roi, lisant d'un air distrait, et s'adressant à Minuccio.*

Je suis bien aise de te voir. Tu vas me conter les nouvelles. Allons, bois un verre de vin.

Ser Vespasiano (*buvant*). Votre Majesté a bien de la bonté. Mon mariage n'est point encore fait.

Le Roi. C'est toi, Vespasiano? Eh bien, un autre jour.

Ser Vespasiano. Certainement, Sire, certainement.

[*A part.*

Il ne parle point de Calatabellotte.

[*Aux demoiselles.*

Qu'avez-vous à rire, vous autres?

Première Demoiselle. Ah! vous autres!

Ser Vespasiano. Oui, vous et les autres. Le roi m'interroge, et je réponds. Qu'y a-t-il là de si plaisant?

Deuxième Demoiselle. Beau sire chevalier, comment se porte votre cheval, depuis que nous ne vous avons vu?

Troisième Demoiselle. Nous avons eu grand'peur pour lui.

Première Demoiselle. Et votre casque?

Deuxième Demoiselle. Et votre lance?

Troisième Demoiselle. Les avez-vous fait rajuster?

Ser Vespasiano. Je ne fais point cas des railleries des femmes.

Première Demoiselle. Nous vous interrogeons, répondez; sinon, nous dirons que vous n'êtes pas plus habile à repartir un mot de courtoisie...

Ser Vespasiano. Eh bien?

Deuxième Demoiselle. Qu'à parer une lance courtoise.

Ser Vespasiano (*à part*). Petites perruches mal apprises!

La Reine. Minuccio est si préoccupé qu'il n'entend pas ce qu'on dit près de lui.

Minuccio. Il est vrai, Madame, et j'en demande

très humblement pardon à Votre Majesté. Je ne saurais penser depuis hier qu'à cette pauvre fille..., je veux dire à ce pauvre garçon..., non, je me trompe, c'est une romance que je tâche de me rappeler.

LA REINE. Une romance? Tu nous la diras tout à l'heure. Mes bonnes amies veulent des jeux-partis. Fais-leur quelques demandes pour les divertir. Ser Vespasiano.

SER VESPASIANO. Majesté.

LA REINE. Savez-vous trouver de bonnes réponses?

SER VESPASIANO (*à part*). Encore la même plaisanterie !        [*Haut.*

Il n'y a pas de ma faute, Madame, en vérité, il n'y en a pas.

LA REINE. De quoi parlez-vous?

SER VESPASIANO. De mon mariage. C'est bien malgré moi, je vous le jure, qu'il n'a pas été consommé.

LA REINE. Une autre fois, une autre fois.

SER VESPASIANO. Votre Majesté sera satisfaite.

[*A part.*

Un autre jour, a dit le roi; une autre fois, a ajouté la reine, et quand j'ai salué, tous deux m'ont tutoyé; en sorte que je suis au comble de la faveur, en même temps que je suis soulagé d'un grand poids. Dès que je pourrai m'esquiver, je vais voler chez cette belle.

LE ROI (*lisant toujours*). Voilà qui est bien. Charles le boiteux crie d'un côté, et Charles d'Anjou de l'autre. Ne parliez-vous pas de jeux-partis?

LA REINE. Oui, Sire, s'il vous plaît d'ordonner...

LE ROI. Vous savez que je n'y entends rien; mais il n'importe. Allons, Minuccio, fais jaser un peu ces jeunes filles.        [*Tout le monde s'assoit en cercle.*

MINUCCIO. Lequel vaut mieux, mesdemoiselles, ou posséder ou espérer ?

SER VESPASIANO. Il vaut beaucoup mieux posséder.

MINUCCIO. Pourquoi, magnifique seigneur ?

SER VESPASIANO. Mais parce que...Cela saute aux yeux.

PREMIÈRE DEMOISELLE. Et si ce qu'on possède est une bourse vide, un nez trop long, ou un coup d'épée ?

SER VESPASIANO. Alors l'espérance serait préférable.

DEUXIÈME DEMOISELLE. Et si ce qu'on espère est la main d'une jeune fille, qui ne veut pas de vous et qui s'en moque ?

SER VESPASIANO. Ah ! diantre ! dans ce cas-là je ne sais pas trop...

PREMIÈRE DEMOISELLE. Il faut posséder beaucoup de patience.

DEUXIÈME DEMOISELLE. Et espérer peu de plaisir.

MINUCCIO (*à la troisième demoiselle*). Et vous, ma mie, vous ne dites rien ?

TROISIÈME DEMOISELLE. C'est que votre question n'en est pas une, puisqu'on nous dit que l'espérance est le seul vrai bien qu'on puisse posséder.

LA REINE. Ser Vespasiano est vaincu. Une autre demande, Minuccio.

MINUCCIO. Lequel vaut mieux, ou l'amant qui meurt d'amour de ne plus voir sa maîtresse, ou l'amant qui meurt de plaisir de la revoir ?

LES DEMOISELLES (*ensemble*). Celui qui meurt ! celui qui meurt !

SER VESPASIANO. Mais puisqu'ils meurent tous les deux !

LES DEMOISELLES. Celui qui meurt ! celui qui meurt !

SER VESPASIANO. Mais on vous dit..., on vous demande...

PREMIÈRE DEMOISELLE. Nous n'aimons que les amants qui meurent d'amour!

SER VESPASIANO. Mais observez qu'il y a deux manières...

DEUXIÈME DEMOISELLE. Il n'y a que ceux-là qui aiment véritablement.

SER VESPASIANO. Cependant...

TROISIÈME DEMOISELLE. Et nous n'en aurons jamais d'autres.

LE ROI. Lequel vaut mieux, ou de jeunes filles sages, réservées et silencieuses, ou de petites écervelées qui crient et qui m'empêchent de finir ma lecture? Voyons, Minuccio, où est ta viole?

MINUCCIO. Permettez, Sire, que je ne m'en serve pas. La musique de ma romance nouvelle n'est pas encore composée; j'en sais seulement les paroles.

LE ROI. Eh bien! soit...Et vous, mesdemoiselles...

PREMIÈRE DEMOISELLE. Sire, nous ne dirons plus un mot.

SER VESPASIANO (*à part*). Quant à moi, j'ai assez de tensons et de chansons comme cela. Leurs Majestés m'ont ordonné de presser le jour de mes noces...Qui me résisterait à présent? Je m'esquive donc et vole chez cette belle.

## SCÈNE VII

*Les précédents, excepté* Ser Vespasiano.

La Reine (*à Minuccio*). Les paroles sont-elles de toi?

Minuccio. Non, Madame.

La Reine. Est-ce de Cipolla?

Minuccio. Encore moins.

Le Roi. Commence toujours. Après un combat, mieux encore qu'après un festin, j'aime à écouter une chanson, et plus la poésie en est douce, tranquille, plus elle repose agréablement l'oreille fatiguée; car c'est un grand fracas qu'une bataille, et pour peu qu'un bon coup de masse sur la tête...

[*Les demoiselles poussent un cri.*

Silence! Récite d'abord ta chanson; tu nous diras ensuite quel est l'auteur. On porte ainsi un meilleur jugement.

Minuccio. Votre Majesté se rit des principes. Que deviendrait la justice littéraire, si on lui mettait un bandeau comme à l'autre? L'auteur de ma romance est une jeune fille.

La Reine. En vérité!

Minuccio. Une jeune fille charmante, belle et sage, aimable et modeste; et ma romance est une plainte amoureuse.

La Reine. Tout aimable qu'elle est, elle n'est donc pas aimée?

Minuccio. Non, Madame, et elle aime jusqu'à en mourir. Le ciel lui a donné tout ce qu'il faut pour plaire, et en même temps pour être heureuse; son

père, homme riche et savant, la chérit de toute son
âme, ou plutôt l'idolâtre, et sacrifierait tout ce qu'il
possède pour contenter le moindre des désirs de sa
fille; elle n'a qu'à dire un mot pour voir à ses pieds
une foule d'adorateurs empressés, jeunes, beaux,
brillants, gentilshommes même, bien qu'elle ne soit
pas noble. Cependant, jusqu'à dix-huit ans, son
cœur n'avait pas encore parlé. De tous ceux qu'at-
tiraient ses charmes, un seul, fils d'un ancien ami,
n'avait pas été repoussé. Dans l'espoir de faire fortune
et de voir agréer ses soins, il s'était exilé volontairement, et durant de longues années il avait étudié pour
être avocat.

Le Roi. Encore un avocat!

Minuccio. Oui, Sire; et maintenant il est revenu
plus heureux encore qu'il n'est fier d'avoir conquis son
nouveau titre, comptant d'ailleurs sur la parole du
père, et demandant pour toute réponse qu'il lui soit
permis d'espérer; mais pendant qu'il était absent,
l'indifférente et cruelle beauté a rencontré, pour son
malheur, celui qui devait venger l'Amour. Un jour,
étant à sa fenêtre avec quelques-unes de ses amies,
elle vit passer un cavalier qui allait aux fêtes de la
reine. Elle le suivit, ce cavalier; elle le vit au tournoi
où il fut vainqueur...Un regard décida de sa vie.

Le Roi. Voilà un singulier roman.

Minuccio. Depuis ce jour, elle est tombée dans
une mélancolie profonde, car celui qu'elle aime ne
peut lui appartenir. Il est marié à une femme...la
plus belle, la meilleure, la plus séduisante qui soit
peut-être dans ce royaume, et il trouve une maîtresse
dans une épouse fidèle. La pauvre dédaignée ne
s'abuse pas, elle sait que sa folle passion doit rester

4—2

cachée dans son cœur; elle s'étudie incessamment à
ce que personne n'en pénètre le secret; elle évite
toute occasion de revoir l'objet de son amour; elle
se défend même de prononcer son nom; mais
l'infortunée a perdu le sommeil, sa raison s'affaiblit,
une langueur mortelle la fait pâlir de jour en jour;
elle ne veut pas parler de ce qu'elle aime, et elle ne
peut penser à autre chose; elle refuse toute consola-
tion, toute distraction; elle repousse les remèdes que
lui offre un père désolé, elle se meurt, elle se consume,
elle se fond comme la neige au soleil. Enfin, sur le
bord de la tombe, la douleur l'oblige à rompre le
silence. Son amant ne la connaît pas, il ne lui a
jamais adressé la parole, peut-être même ne l'a-t-il
jamais vue; elle ne veut pas mourir sans qu'il sache
pourquoi, et elle se décide à lui écrire ainsi:    [*Il lit.*

> Va dire, Amour, ce qui cause ma peine,
> A mon seigneur, que je m'en vais mourir,
> Et, par pitié, venant me secourir,
> Qu'il m'eût rendu la mort moins inhumaine.
>
> A deux genoux je demande merci.
> Par grâce, Amour, va-t'en vers sa demeure.
> Dis-lui comment je prie et pleure ici,
> Tant et si bien qu'il faudra que je meure
> Tout enflammée, et ne sachant point l'heure
> Où finira mon adoré souci.
>
> La mort m'attend, et s'il ne me relève
> De ce tombeau prêt à me recevoir,
> J'y vais dormir, emportant mon doux rêve:
> Hélas! Amour, fais-lui mon mal savoir.
> Depuis le jour où, le voyant vainqueur,
> D'être amoureuse, Amour, tu m'as forcée.

Fût-ce un instant, je n'ai pas eu le cœur,
De lui montrer ma craintive pensée,
Dont je me sens à tel point oppressée.
Mourant ainsi, que la mort me fait peur!
Qui sait pourtant, sur mon pâle visage,
Si ma douleur lui déplairait à voir?
De l'avouer je n'ai pas le courage.
Hélas! Amour, fais-lui mon mal savoir.

Puis donc, Amour, que tu n'as pas voulu
A ma tristesse accorder cette joie,
Que dans mon cœur mon doux seigneur ait lu,
Ni vu les pleurs où mon chagrin se noie,
Dis-lui, du moins, et tâche qu'il le croie,
Que je vivrais si je ne l'avais vu;
Dis-lui qu'un jour une Sicilienne
Le vit combattre et faire son devoir.
Dans son pays, dis-lui qu'il s'en souvienne,
Et que j'en meurs, faisant mon mal savoir.

La Reine. Tu dis que cette romance est d'une jeune fille?

Minuccio. Oui, Madame.

La Reine. Si cela est vrai, tu lui diras qu'elle a une amie, et tu lui donneras cette bague.

*[Elle ôte une bague de son doigt.*

Le Roi. Mais pour qui cette chanson a-t-elle été faite? Il semble, d'après les derniers mots, que ce doive être pour un étranger. Le connais-tu? quel est son nom?

Minuccio. Je puis le dire à Votre Majesté, mais à elle seule.

Le Roi. Bon! quel mystère!

Minuccio. Sire, j'ai engagé ma parole.

Le Roi. Éloignez-vous donc, mesdemoiselles. Je

suis curieux de savoir ce secret. Quant à la reine, tu sais que je suis seul quand il n'y a qu'elle près de moi.

[*Les demoiselles se retirent au fond du théâtre.*

MINUCCIO. Sire, je le sais, et je suis prêt...

LA REINE. Non, Minuccio. Je te remercie d'avoir assez bonne opinion de moi pour me confier ton honneur; mais puisque tu l'as engagé, je ne suis plus ta reine en ce moment, je ne suis qu'une femme, qui ne veut pas être cause qu'un galant homme puisse se faire un reproche.                    [*Elle sort.*

LE ROI. Eh bien! à qui s'adressent ces vers?

MINUCCIO. Votre Majesté a-t-elle oublié qui fut vainqueur au dernier tournoi?

LE ROI. Hé, par la croix-Dieu! c'est moi-même.

MINUCCIO. C'est à vous-même aussi que ces vers sont adressés.

LE ROI. A moi, dis-tu?

MINUCCIO. Oui, Sire. Dans ce que j'ai raconté, je n'ai rien dit qui ne fût véritable. Cette jeune fille que je vous ai dépeinte belle, jeune, charmante, et mourante d'amour, elle existe, elle demeure là, à deux pas de votre palais; qu'un de vos officiers m'accompagne, et qu'il vous rende compte de ce qu'il aura vu. Cette pauvre enfant attend la mort, c'est à sa prière que je vous parle; sa beauté, sa souffrance, sa résignation, sont aussi vraies que son amour... Carmosine est son nom.

LE ROI. Cela est étrange.

MINUCCIO. Et ce jeune homme à qui son père l'avait promise, qui est allé étudier à Padoue, et qui comptait l'épouser au retour, Votre Majesté l'a vu ce matin même; c'est lui qui est venu demander du service à l'armée de Naples ; celui-là mourra aussi, j'en réponds, et plus tôt qu'elle, car il se fera tuer.

Le Roi. Je m'en suis douté. Cela ne doit pas être ; cela ne sera pas. Je veux voir cette jeune fille.

Minuccio. L'extrême faiblesse où elle est...

Le Roi. J'irai. Cela semble te surprendre ?

Minuccio. Sire, je crains que votre présence...

Le Roi. Ne disais-tu pas, tout à l'heure, que tu aurais parlé devant la reine ?

Minuccio. Oui, Sire.

Le Roi. Viens chez elle avec moi.

# ACTE TROISIÈME

*Un jardin. A gauche, une fontaine avec plusieurs siéges et un banc. A droite, la maison de maître Bernard. Dans le fond, une terrasse et une grille.*

## SCÈNE PREMIÈRE

CARMOSINE, *assise sur le banc; près d'elle* PERILLO *et* MAÎTRE BERNARD, MINUCCIO, *assis sur le bord de la fontaine, sa guitare à la main.*

CARMOSINE. "Va dire, Amour, ce qui cause ma peine..." Que cette chanson me plaît, mon cher Minuccio!

MINUCCIO. Voulez-vous que je la recommence? Nous sommes à vos ordres, moi et mon bâton.

[*Il montre le manche de sa guitare.*

CARMOSINE. Ne te montre pas si complaisant, car je te la ferais répéter cent fois, et je voudrais l'entendre encore et toujours, jusqu'à ce que mon attention et ma force fussent épuisées, et que je pusse mourir en y rêvant! Comment la trouves-tu, Perillo?

PERILLO. Charmante quand c'est vous qui la dites.

MAÎTRE BERNARD. Je trouve cela trop sombre. Je ne sais ce que c'est qu'une chanson lugubre. Il me semble qu'en général on ne chante pas à moins d'être gai, moi, du moins, quand cela m'arrive,...mais cela ne m'arrive plus.

CARMOSINE. Pourquoi donc, et que reprochez-vous à cette romance de notre ami? Elle n'est pas bouffonne, il est vrai, comme un refrain de table; mais qu'importe? ne saurait-on plaire autrement? Elle parle d'amour, mais ne savez-vous pas que c'est une fiction obligée, et qu'on ne saurait être poëte sans faire semblant d'être amoureux? Elle parle aussi de douleurs et de regrets, mais n'est-il pas aussi convenu que les amoureux en vers sont toujours les plus heureuses gens du monde, ou les plus désolés? "Va dire, Amour, ce qui cause ma peine..." Comment dit-elle donc ensuite?

MAÎTRE BERNARD. Rien de bon, je n'aime point cela.

CARMOSINE. C'est une romance espagnole, et notre roi don Pèdre l'aime beaucoup; n'est-ce pas, Minuccio?

MINUCCIO. Il me l'a dit, et la reine aussi l'a fort approuvée.

MAÎTRE BERNARD. Grand bien leur fasse! Un air d'enterrement!

CARMOSINE. Perillo est peut-être, quoiqu'il ne le dise pas, de l'avis de mon père, car je le vois triste.

PERILLO. Non, je vous le jure.

CARMOSINE. Ce serait bien mal; ce serait me faire croire que tu ne m'as pas entièrement pardonnée.

PERILLO. Pensez-vous cela?

CARMOSINE. J'espère que non; cependant je me sens bien coupable. J'ai été bien folle, bien ingrate; et toi, pauvre ami, tu venais de si loin, tu avais été absent si longtemps! Mais que veux-tu! je souffrais hier.

MAÎTRE BERNARD. Et maintenant...

CARMOSINE. Ne craignez plus rien; cette fois mes maux vont finir.

Maître Bernard. Hier tu en disais autant.

Carmosine. Oh! j'en suis bien sûre aujourd'hui. Hier, j'ai éprouvé un moment de bien-être, puis une souffrance...Ne parlons plus d'hier, à moins que ce ne soit, Perillo, pour que tu me répètes que tu ne t'en souviens plus.

Perillo. Puis-je songer un seul instant à moi quand je vous vois revenir à la vie? Je n'ai rien souffert si vous souriez.

Carmosine. Oublie donc tes chagrins, comme moi ma tristesse. Minuccio, je voulais te demander...

Minuccio. Que cherchez-vous?

Carmosine. Où est donc ta romance? Il me semble que j'en ai oublié un mot.

[*Minuccio lui donne sa romance écrite; elle la relit tout bas.*

## SCÈNE II

*Les précédents*, Ser Vespasiano, Dame Pâque,
*sortant de la maison.*

Ser Vespasiano (*à Dame Pâque*). Que vous avais-je dit? Cela ne pouvait manquer. Voyez quel délicieux tableau de famille!

Dame Pâque. Vous êtes un homme incomparable pour accommoder toute chose.

Ser Vespasiano. Ce n'était rien; un mot, belle dame, un mot a suffi. Je n'ai fait que répéter exactement à votre aimable fille ce que Leurs Majestés m'avaient dit à moi-même.

Dame Pâque. Et elle a consenti?

Ser Vespasiano. Pas précisément. Vous savez que la pudeur d'une jeune fille...

CARMOSINE (*se levant*).  Ser Vespasiano!

SER VESPASIANO.  Ma princesse.

CARMOSINE.  Vous faites la cour à ma mère, sans quoi j'allais vous demander votre bras.

SER VESPASIANO.  Mon bras et mon épée sont à votre service.

CARMOSINE.  Non, je ne veux pas être importune. Viens, Perillo, jusqu'à la terrasse.

> [*Elle s'éloigne avec Perillo.*

SER VESPASIANO (*à Dame Pâque*).  Vous le voyez, elle me lance des œillades bien flatteuses.  Mais qu'est-ce donc que ce petit Perillo? Je vous avoue qu'il me chagrine de le voir; il se donne des airs d'amoureux, et si ce n'était le respect que je vous dois, je ne sais à quoi il tiendrait...

DAME PÂQUE.  Y pensez-vous? se hasarderait-on?... Vous êtes trop bouillant, chevalier.

SER VESPASIANO.  Il est vrai. Vous me disiez donc que pour ce qui regarde la dot...

> [*Il s'éloigne en se promenant.*

## SCÈNE III

### MINUCCIO, MAÎTRE BERNARD.

MAÎTRE BERNARD.  Tu crois à tout cela, Minuccio?

MINUCCIO.  Oui; je l'écoute, je l'observe, et je crois que tout va pour le mieux.

MAÎTRE BERNARD.  Tu crois à cette espèce de gaieté? Mais toi-même, es-tu bien sincère? Pourquoi ne veux-tu pas me dire ce qu'elle t'a confié hier, seul à seul?

MINUCCIO.  Je vous ai déjà répondu que je n'avais

rien à vous répondre. Elle m'avait chargé, comme
vous le voyez, de lui ramener Perillo. A peine avait-il
essayé son casque que l'oiseau chaperonné est revenu
au nid.

MAÎTRE BERNARD. Tout cela est étrange, tout cela
est obscur. Et ce refrain que tu vas lui chanter, afin
d'entretenir sa tristesse!

MINUCCIO. Vous voyez bien qu'il ne sert qu'à
la chasser. Pensez-vous que je cherche à nuire?

MAÎTRE BERNARD. Non, certes, mais je ne puis me
défendre...

MINUCCIO. Tenez-vous en repos jusqu'à l'heure
des vêpres.

MAÎTRE BERNARD. Pourquoi cela? Pourquoi
jusqu'à cette heure? C'est la troisième fois que tu
me le répètes, sans jamais vouloir t'expliquer.

MINUCCIO. Je ne puis vous en dire plus long, car
je n'en sais pas moi-même davantage. La plus belle
fille ne donne que ce qu'elle a, et l'ami le plus dévoué
se tait sur ce qu'il ignore.

MAÎTRE BERNARD. La peste soit de tes mystères!
Que se prépare-t-il donc pour cette heure-là? Quel
évènement doit nous arriver? Est-ce donc le roi en
personne qui va venir nous rendre visite?

MINUCCIO (à part). Il ne croit pas être si près de
la vérité.　　　　　　　　　　　　　　　　[Haut.
Mon vieil ami, ayez bon espoir. Si tout ne s'arrange
pas à souhait, je casse le manche de ma guitare.

MAÎTRE BERNARD. Beau profit! Enfin, nous verrons,
puisqu'à toute force il faut prendre patience; mais
je ne te pardonne point ces façons d'agir.

MINUCCIO. Cela viendra plus tard, j'espère. Encore une fois, doutez-vous de moi?

Maître Bernard. Hé non, enragé que tu es, avec
ta discrétion maussade! Écoute; il faut que je te dise
tout, bien que tu ne veuilles me rien dire. Une chose
ici me fait plus que douter, me fait frémir, entends-tu
bien? Cette nuit, poussé par l'inquiétude, je m'étais
approché doucement de la chambre de Carmosine,
pour écouter si elle dormait. A travers la fente de la
porte, entre le gond et la muraille, je l'ai vue assise
dans son lit, avec un flambeau tout près d'elle; elle
écrivait, et, de temps en temps, elle semblait réfléchir
très profondément, puis elle reprenait sa plume avec
une rapidité effrayante, comme si elle eût obéi à
quelque impression soudaine. Mon trouble en la
voyant, ou ma curiosité, sont devenus trop forts. Je
suis entré: tout aussitôt sa lumière s'est éteinte, et
j'ai entendu le bruit d'un papier qui se froissait
en glissant sous son chevet.

Minuccio. C'est quelque adieu à ce pauvre
Antoine, qui s'est fait soldat, à ce qu'il croit.

Maître Bernard. Ma fille l'ignorait.

Minuccio. Oh! que non. Est-ce qu'un amant s'en
va en silence? Il ne se noierait même pas sans le dire.

Maître Bernard. Je n'en sais rien, mais je croirais
presque...Voilà cet imbécile qui revient avec ma
femme. Rentrons; je veux que tu saches tout.

Minuccio. C'est encore votre fille qui a rappelé
celui-là. Vous voyez bien qu'elle ne pense qu'à rire.

                    [*Ils rentrent dans la maison.*

## SCÈNE IV

Ser Vespasiano *et* Dame Pâque *viennent
du fond du jardin.*

Ser Vespasiano. Pour la dot, je suis satisfait, et
je vous quitte pour voler chez le tabellion, afin de
hâter le contrat.

Dame Pâque. Et moi, chevalier, je suis ravie que
vous soyez de si bonne composition.

Ser Vespasiano. Comment donc! la dot est
honnête, la fille aussi; mon but principal est de m'attacher à votre famille.

Dame Pâque. Mon mari fera quelques difficultés;
entre nous, c'est une pauvre tête, un homme qui
calcule, un homme besoigneux.

Ser Vespasiano. Bah! cela me regarde. Nous
ferons des noces, si vous m'en croyez, magnifiques.
Le roi y viendra.

Dame Pâque. Est-ce possible!

Ser Vespasiano. Il y dansera, mort-Dieu! il y
dansera, et avec vous-même, dame Pâque. Vous serez
la reine du bal.

Dame Pâque. Ah! ces plaisirs-là ne m'appartiennent
plus.

Ser Vespasiano. Vous les verrez renaître sous vos
pas. Je vole chez le tabellion.

## SCÈNE V

CARMOSINE *et* PERILLO *viennent du fond.*

CARMOSINE. Il faut me le promettre, Antoine.
Songez à ce que deviendrait mon père si Dieu me
retirait de ce monde.

PERILLO. Pourquoi ces cruelles pensées? vous ne
parliez pas ainsi tout à l'heure.

CARMOSINE. Songez que je suis ce qu'il aime le
mieux, presque sa seule joie sur la terre. S'il venait
à me perdre, je ne sais vraiment pas comment il
supporterait ce malheur. Votre père fut son dernier
ami, et quand vous êtes resté orphelin, vous vous
souvenez, Perillo, que cette maison est devenue la
vôtre. En nous voyant grandir ensemble, on disait
dans le voisinage que maître Bernard avait deux
enfants. S'il devait aujourd'hui n'en avoir plus qu'un
seul...

PERILLO. Mais vous nous disiez d'espérer.

CARMOSINE. Oui, mon ami, mais il faut me promettre de prendre soin de lui, de ne pas l'abandon-
ner...Je sais que vous avez fait une demande, et que
vous pensez à quitter Palerme. Mais, écoutez-moi,
vous pouvez encore...Il m'a semblé entendre du bruit.

PERILLO. Ce n'est rien; je ne vois personne.

CARMOSINE. Vous pouvez encore revenir sur votre
détermination...j'en suis convaincue, je le sais. Je ne
vous parle pas de cette démarche, ni du motif qui
l'a dictée; mais, s'il est vrai que vous m'avez aimée,
vous prendrez ma place après moi.

PERILLO. Rien après vous!

CARMOSINE. Vous la prendrez, si vous êtes honnête
homme...Je vous lègue mon père.

PERILLO. Carmosine!...Vous me parlez, en vérité, comme si vous aviez un pied dans la tombe. Cette romance que, tout à l'heure, vous vous plaisiez à répéter, je ne m'y suis pas trompé, j'en suis sûr, c'est votre histoire, c'est pour vous qu'elle est faite, c'est votre secret: vous voulez mourir.

CARMOSINE. Prends garde! Ne parle pas si haut.

PERILLO. Eh! qu'importe que l'on m'entende si ce que je dis est la vérité! Si vous avez dans l'âme cette affreuse idée de quitter volontairement la vie, et de nous cacher vos souffrances jusqu'à ce qu'on vous voie tout à coup expirer au milieu de nous...Que dis-je, grand Dieu! quel soupçon horrible! S'il se pouvait que, lassée de souffrir, fidèle seulement à votre affreux silence, vous eussiez conçu la pensée. Vous me recommandiez votre père...Vous ne voudriez pas tuer sa fille!

CARMOSINE. Ce n'est pas la peine, mon ami; la mort n'a que faire d'une main si faible.

PERILLO. Mais vous souhaitez donc qu'elle vienne? Pourquoi trompez-vous votre père? pourquoi affectez-vous devant lui ce repos, cet espoir que vous n'avez pas, cette sorte de joie qui est si loin de vous?

CARMOSINE. Non pas si loin que tu peux le croire. Lorsque Dieu nous appelle à lui, il nous envoie, n'en doute point, des messagers secrets qui nous avertissent. Je n'ai pas fait beaucoup de bien, mais je n'ai pas non plus fait grand mal. L'idée de paraître devant le juge suprême ne m'a jamais inspiré de crainte; il le sait, je le lui ai dit; il me pardonne et m'encourage. J'espère, j'espère être heureuse. J'ai déjà de charmants présages.

PERILLO. Vous l'aimez beaucoup, Carmosine.

CARMOSINE. De qui parles-tu?

PERILLO. Je n'en sais rien; mais la mort seule n'a point tant d'attraits.

CARMOSINE. Écoute. Ne fais pas de vaines conjectures, et ne cherche pas à pénétrer un secret qui ne saurait être bon à personne; tu l'apprendras quand je ne serai plus. Tu me demandes pourquoi je trompe mon père? C'est précisément par cette raison que je ne ferais, en m'ouvrant à lui, qu'une chose cruelle et inutile. Je ne t'aurais point parlé comme je l'ai fait, si, en le faisant, je n'eusse rempli un devoir. Je te demande de ne point trahir la confiance que j'ai en toi.

PERILLO. Soyez sans crainte; mais, de votre côté, promettez-moi du moins...

CARMOSINE. Il suffit. Songe, mon ami, qu'il y a des maux sans remède. Tu vas maintenant aller dans ma chambre; voici une clef, tu ouvriras un coffre qui est derrière le chevet de mon lit, tu y trouveras une robe de fête;...je ne la porterai plus, celle-là, je l'ai portée aux fêtes de la reine, lorsque pour la première fois...Il y a dessous un papier écrit, que tu prendras et que tu garderas; je te le confie,...à toi seul, n'est-ce pas?

PERILLO. Votre testament, Carmosine?

CARMOSINE. Oh! cela ne mérite pas d'être appelé ainsi. De quoi puis-je disposer au monde? C'est bien peu de chose que ces adieux qu'on laisse malgré soi à la vie, et qu'on nomme dernières volontés! Tu y trouveras ta part, Perillo.

PERILLO. Ma part! Dieu juste, quelle horreur!... Et vous pensez qu'il soit possible...

CARMOSINE. Épargne-moi, épargne-moi. Nous en reparlerons tout à l'heure, dans ma chambre, car je vais rentrer; il se fait tard, voici l'heure des vêpres.

## SCÈNE VI

CARMOSINE, *seule*.

Ta part! pauvre et excellent cœur! elle eût été
plus douce, et tu la méritais, si l'impitoyable hasard ne
m'eût fait rencontrer…Dieu puissant! quel blasphème
sort donc de mes lèvres! Ô ma douleur, ma chère
douleur, j'oserais me plaindre de toi? Toi mon seul
bien, toi ma vie et ma mort, toi qu'il connaît maintenant? O bon Minuccio, digne, loyal ami! il t'a
écouté, tu lui as tout dit, il a souri, il a été touché, il
m'a envoyé une bague…          [*Elle la baise*.
Tu reposeras avec moi! Ah! quelle joie, quel
bonheur ce matin quand j'ai entendu ces mots: Il sait
tout! Qu'importent maintenant et mes larmes, et
ma souffrance, et toutes les tortures de la mort!
Il sait que je pleure, il sait que je souffre. Oui, Perillo
avait raison; cette joie devant mon père a été cruelle,
mais pouvais-je la contenir? Rien qu'en regardant
Minuccio, le cœur me battait avec tant de force!
Il l'avait vu, lui, il lui avait parlé! O mon amour!
ô charme inconcevable! délicieuse souffrance, tu es
satisfaite! je meurs tranquille, et mes vœux sont
comblés. L'a-t-il compris en m'envoyant cette bague?
A-t-il senti qu'en disant que j'aimais, je disais que
j'allais mourir? Oui, il m'a comprise, il m'a devinée.
Il m'a mis au doigt cet anneau, qui restera seul dans
ma tombe quand je ne serai plus qu'un peu de
poussière…Grâces te soient rendues, ô mon Dieu!
je vais mourir, et je puis mourir!
          [*On entend sonner à la grille du jardin*.

On sonne à la grille, je crois? Holà, Michel! personne ici? Comment m'a-t-on laissée toute seule?
                    [*Elle s'approche de la maison.*

Ah! ils sont tous là dans la salle basse, ils lisent quelque chose attentivement, et paraissent se consulter. Minuccio semble les retenir...Perillo m'aurait-il trahie?                    [*On sonne une seconde fois.*

Ce sont deux dames voilées qui sonnent. Michel, où es-tu? Ouvre donc.


## SCÈNE VII

CARMOSINE, LA REINE, MICHEL *ouvrant la grille. Une femme, qui accompagne la reine, reste au fond du théâtre.*

LA REINE. N'est-ce pas ici que demeure maître Bernard, le médecin?

MICHEL. Oui, Madame.

LA REINE. Puis-je lui parler?

MICHEL. Je vais l'avertir.

LA REINE. Attends un instant. Qui est cette jeune fille?

MICHEL. C'est mademoiselle Carmosine.

LA REINE. La fille de ton maître?

MICHEL. Oui, Madame.

LA REINE. Cela suffit, c'est à elle que j'ai affaire.

## SCÈNE VIII

Carmosine, La Reine.

La Reine. Pardon, Mademoiselle...        [*A part.*
Elle est bien jolie.                          [*Haut.*
Vous êtes la fille de maître Bernard?
Carmosine. Oui, Madame.
La Reine. Puis-je, sans être indiscrète, vous
demander un moment d'entretien?
      [*Carmosine lui fait signe de s'asseoir.*
Vous ne me connaissez pas.
Carmosine. Je ne saurais dire...
La Reine (*s'asseyant*). Je suis parente...un peu
éloignée...d'un jeune homme qui demeure ici, je crois,
et qui se nomme Perillo.
Carmosine. Il est à la maison, si vous le voulez voir.
La Reine. Tout à l'heure, si vous le permettez.
Je suis étrangère, Mademoiselle, et j'occupe à la cour
d'Espagne une position assez élevée. Je porte à ce
jeune homme beaucoup d'intérêt, et il serait possible
qu'un jour le crédit dont je puis disposer devînt
utile à sa fortune.
Carmosine. Il le mérite à tous égards.
  [*Maître Bernard et Minuccio paraissent sur le
  seuil de la maison.*
Maître Bernard (*bas à Minuccio*). Qui donc est
là avec ma fille?
Minuccio. Ne dites mot, venez avec moi.
         [*Il l'emmène.*
La Reine. C'est précisément sur ce point que je
désire être éclairée, et je vous demande encore une fois
pardon de ce que ma démarche peut avoir d'étrange.

CARMOSINE. Elle est toute simple, Madame, mais mon père serait plus en état de vous répondre que moi ; je vais, s'il vous plaît...

LA REINE. Non, je vous en prie, à moins que je ne vous importune. Vous êtes souffrante, m'a-t-on dit.

CARMOSINE. Un peu, Madame.

LA REINE. On ne le croirait pas.

CARMOSINE. Le mal dont je souffre ne se voit pas toujours, bien qu'il ne me quitte jamais.

LA REINE. Il ne saurait être bien sérieux, à votre âge.

CARMOSINE. En tout temps, Dieu fait ce qu'il veut.

LA REINE. Je suis sûre qu'il ne veut pas vous faire grand mal...Mais la crainte que j'ai de vous fatiguer me force à préciser mes questions, car je ne veux point vous le cacher, c'est de vous, et de vous seulement, que je désirerais une réponse, et je suis persuadée, si vous me la faites, qu'elle sera sincère. Vous avez été élevée avec ce jeune homme ; vous le connaissez depuis son enfance...Est-ce un honnête homme ? est-ce un homme de cœur ?

CARMOSINE. Je le crois ainsi ; mais, Madame, je ne suis pas un assez bon juge...

LA REINE. Je m'en rapporte entièrement à vous.

CARMOSINE. D'où me vient l'honneur que vous me faites ? Je ne comprends pas bien que, sans me connaître...

LA REINE. Je vous connais plus que vous ne pensez, et la preuve que j'ai toute confiance en vous, c'est la question que je vais vous faire, en vous priant de l'excuser, mais d'y répondre avec franchise. Vous êtes belle, jeune et riche, dit-on. Si ce jeune homme dont nous parlons demandait votre main, l'épouseriez-vous ?

CARMOSINE. Mais, Madame...

LA REINE. En supposant, bien entendu, que votre cœur fût libre, et qu'aucun engagement ne vînt s'opposer à cette alliance.

CARMOSINE. Mais, Madame, dans quel but me demandez-vous cela?

LA REINE. C'est que j'ai pour amie une jeune fille, belle comme vous, qui a votre âge, qui est, comme vous, un peu souffrante; c'est de la mélancolie ou peut-être quelque chagrin secret qu'elle dissimule, je ne sais trop, mais j'ai le projet, si cela se peut, de la marier, et de la mener à la cour, afin d'essayer de la distraire; car elle vit dans la solitude, et vous savez de quel danger cela est pour une jeune tête qui s'exalte, se nourrit de désirs, d'illusions; qui prend pour l'espérance tout ce qu'elle entrevoit, pour l'avenir tout ce qu'elle ne peut voir; qui s'attache à un rêve dont elle se fait un monde, innocemment, sans y réfléchir, par un penchant naturel du cœur, et qui, hélas! en cherchant l'impossible, passe bien souvent à côté du bonheur.

CARMOSINE. Cela est cruel.

LA REINE. Plus qu'on ne peut dire. Combien j'en ai vu, des plus belles, des plus nobles et des plus sages, perdre leur jeunesse et quelquefois la vie, pour avoir gardé de pareils secrets!

CARMOSINE. On peut donc en mourir, Madame?

LA REINE. Oui, on le peut, et ceux qui le nient ou qui s'en raillent, n'ont jamais su ce que c'est que l'amour, ni en rêve ni autrement. Un homme, sans doute, doit s'en défendre. La réflexion, le courage, la force, l'habitude de l'activité, le métier des armes surtout, doivent le sauver, mais une femme!...Privée

de ce qu'elle aime, où est son soutien? Si elle a du
courage, où est sa force? Si elle a un métier, fût-ce
le plus dur, celui qui exige le plus d'application, qui
peut dire où est sa pensée pendant que ses yeux
suivent l'aiguille, ou que son pied fait tourner le
rouet?

CARMOSINE. Que vous me charmez de parler ainsi!

LA REINE. C'est que je dis ce que je pense. C'est
pour n'être pas obligé de les plaindre qu'on ne veut
pas croire à nos chagrins. Ils sont réels, et d'autant
plus profonds, que ce monde qui en rit nous force
à les cacher; notre résignation est une pudeur; nous
ne voulons pas qu'on touche à ce voile, nous aimons
mieux nous y ensevelir; de jour en jour on se fait à
sa souffrance, on s'y livre, on s'y abandonne, on s'y
dévoue, on l'aime, on aime la mort...Voilà pourquoi
je voudrais tâcher d'en préserver ma jeune amie.

CARMOSINE. Et vous songez à la marier; est-ce que
c'est Perillo qu'elle aime?

LA REINE. Non, mon enfant, ce n'est pas lui; mais
s'il est tel qu'on me l'a dit, bon, brave, honnête
(savant, peu importe), sa femme ne serait-elle pas
heureuse?

CARMOSINE. Heureuse, si elle en aime un autre?

LA REINE. Vous ne répondez pas à ma question
première. Je vous avais demandé de me dire si,
à votre avis personnel, Perillo vous semble, en effet,
digne d'être chargé du bonheur d'une femme.
Répondez, je vous en conjure.

CARMOSINE. Mais, si elle en aime un autre, Madame,
il lui faudra donc l'oublier?

LA REINE (à part). Je n'en obtiendrai pas davantage.
                                                    [*Haut.*

Pourquoi l'oublier? Qui le lui demande?

CARMOSINE. Dès qu'elle se marie, il me semble...

LA REINE. Eh bien! achevez votre pensée.

CARMOSINE. Ne commet-elle pas un crime, si elle ne peut donner tout son cœur, toute son âme?...

LA REINE. Je ne vous ai pas tout dit. Mais je craindrais...

CARMOSINE. Parlez, de grâce, je vous écoute; je m'intéresse aussi à votre amie.

LA REINE. Eh bien! supposez que celui qu'elle aime, ou croit aimer, ne puisse être à elle; supposez qu'il soit marié lui-même.

CARMOSINE. Que dites-vous?

LA REINE. Supposez plus encore. Imaginez que c'est un très grand seigneur, un prince; que le rang qu'il occupe, que le nom seul qu'il porte, mettent à jamais entre elle et lui une barrière infranchissable... Imaginez que c'est le roi.

CARMOSINE. Ah! Madame! qui êtes-vous?

LA REINE. Imaginez que la sœur de ce prince, ou sa femme, si vous voulez, soit instruite de cet amour, qui est le secret de ma jeune amie, et que, loin de ressentir pour elle ni aversion ni jalousie, elle ait entrepris de la consoler, de la persuader, de lui servir d'appui, de l'arracher à sa retraite, pour lui donner une place auprès d'elle dans le palais même de son époux; imaginez qu'elle trouve tout simple que cet époux victorieux, le plus vaillant chevalier de son royaume, ait inspiré un sentiment que tout le monde comprendra sans peine; figurez-vous qu'elle n'a aucune défiance, aucune crainte de sa jeune rivale, non qu'elle fasse injure à sa beauté, mais parce qu'elle croit à son honneur; supposez qu'elle veuille enfin que cette enfant, qui a osé aimer un si grand prince, ose l'avouer, afin que cet amour, tristement caché dans la solitude, s'épure en se montrant au grand jour, et s'ennoblisse par sa cause même.

CARMOSINE (*fléchissant le genou*). Ah! Madame, vous êtes la reine!

LA REINE. Vous voyez donc bien, mon enfant, que je ne vous dis pas d'oublier don Pèdre.

CARMOSINE. Je l'oublierai, n'en doutez pas, Madame, si la mort peut faire oublier. Votre bonté est si grande, qu'elle ressemble à Dieu! Elle me pénètre d'admiration, de respect et de reconnaissance; mais elle m'accable, et me confond. Elle me fait trop vivement sentir combien je suis peu digne d'en être l'objet...Pardonnez-moi, je ne puis m'exprimer... Permettez que je me retire, que je me cache à tous les yeux.

LA REINE. Remettez-vous, ma belle, calmez-vous. Ai-je rien dit qui vous effraye?

CARMOSINE. Ce n'est pas de la frayeur que je ressens. O mon Dieu! vous ici! la reine! Comment avez-vous pu savoir?...Minuccio m'a trahie sans doute... Comment pouvez-vous jeter les yeux sur moi?... Vous me tendez la main, Madame! Ne me croyez-vous pas insensée?...Moi, la fille de maître Bernard, avoir osé élever mes regards!...Ne voyez-vous pas que ma démence est un crime, et que vous devez m'en punir?...Ah! sans nul doute, vous le voyez; mais vous avez pitié d'une infortunée dont la raison est égarée, et vous ne voulez pas que cette pauvre folle soit plongée au fond d'un cachot, ou livrée à la risée publique!

LA REINE. A quoi songez-vous, juste ciel?

CARMOSINE. Ah! je mériterais d'être ainsi traitée, si je m'étais abusée un moment, si mon amour avait été autre chose qu'une souffrance! Dieu m'est témoin, Dieu qui voit tout, qu'à l'instant même où j'ai aimé, je me suis souvenue qu'il était le roi. Dieu sait aussi que j'ai tout essayé pour me sauver de ma faiblesse, et pour chasser de ma mémoire ce qui m'est plus cher que ma vie. Hélas! Madame, vous le savez sans doute, que personne ici-bas ne répond de son cœur, et qu'on ne choisit pas ce qu'on aime. Mais croyez-moi, je vous en supplie; puisque vous connaissez mon secret, connaissez-le du moins tout entier. Croyez, Madame, et soyez convaincue, je vous le demande les mains jointes, croyez qu'il n'est entré dans mon âme ni espoir, ni orgueil, ni la moindre illusion. C'est malgré mes efforts, malgré ma raison, malgré mon orgueil même, que j'ai été impitoyablement, misérablement accablée par une puissance invincible, qui a fait de moi son jouet et sa victime. Personne n'a compté mes nuits, personne n'a vu toutes mes larmes, pas même mon père. Ah! je ne croyais pas que j'en viendrais jamais à en parler moi-même. J'ai souhaité, il est vrai, quand j'ai senti la mort, de ne point partir sans adieu; je n'ai pas eu la force d'emporter dans la tombe ce secret qui me dévorait. Ce secret! c'était ma vie elle-même, et je la lui ai envoyée. Voilà mon histoire, Madame, je voulais qu'il la sût, et mourir.

LA REINE. Eh bien! mon enfant, il la sait, car c'est lui qui me l'a racontée; Minuccio ne vous a point trahie.

CARMOSINE. Quoi! Madame, c'est le roi lui-même...

LA REINE. Qui m'a tout dit. Votre reconnaissance

allait beaucoup trop loin pour moi. C'est le roi qui
veut que vous repreniez courage, que vous guérissiez,
que vous soyez heureuse. Je ne vous demandais, moi,
qu'un peu d'amitié.

CARMOSINE (*d'une voix faible*). C'est lui qui veut
que je reprenne courage?

LA REINE. Oui; je vous répète ses propres paroles.

CARMOSINE. Ses propres paroles? Et que je guérisse?

LA REINE. Il le désire.

CARMOSINE. Il le désire? Et que je sois heureuse,
n'est-ce pas?

LA REINE. Oui, si nous y pouvons quelque chose.

CARMOSINE. Et que j'épouse Perillo? Vous me le
proposiez tout à l'heure;...car je comprends tout à
présent,...votre jeune amie, c'était moi.

LA REINE. Oui, c'était vous, c'est à ce titre que
je vous ai envoyé cette bague. Minuccio ne vous
l'a-t-il pas dit?

CARMOSINE. C'était vous?...Je vous remercie...et
je suis prête à obéir.          [*Elle tombe sur le banc.*

LA REINE. Qu'avez-vous, mon enfant? Grand
Dieu! quelle pâleur! Vous ne me répondez pas?
je vais appeler.

CARMOSINE. Non, je vous en prie! ce n'est rien;
pardonnez-moi.

LA REINE. Je vous ai affligée? Vous me feriez croire
que j'ai eu tort de venir ici, et de vous parler comme
je l'ai fait.

CARMOSINE (*se levant*). Tort de venir! ai-je dit cela,
lorsque j'en suis encore à comprendre que la bonté
humaine puisse inspirer une générosité pareille à la
vôtre! Tort de venir, vous, ma souveraine, quand
je devrais vous parler à genoux? lorsqu'en vous

voyant devant moi, je me demande si ce n'est point
un rêve! Ah! Madame, je serais plus qu'ingrate en
manquant de reconnaissance. Que puis-je faire pour
vous remercier dignement? je n'ai que la ressource
d'obéir. Il veut que je l'oublie, n'est-ce pas?...Dites-
lui que je l'oublierai.

LA REINE. Vous m'avez donc bien mal comprise,
ou je me suis bien mal exprimée. Je suis votre reine,
il est vrai, mais si je ne voulais qu'être obéie, enfant
que vous êtes, je ne serais pas venue. Voulez-vous
m'écouter pour une dernière fois?

CARMOSINE. Oui, Madame; je vois maintenant que
ce secret qui était ma souffrance, et qui était aussi
mon seul bien, tout le monde le connaît. Le roi me
méprise, et je pensais bien qu'il devait en être ainsi,
mais je n'en étais pas certaine. Ma triste histoire,
il l'a racontée; ma romance, on la chante à table,
devant ses chevaliers et ses barons. Cette bague, elle
ne vient pas de lui; Minuccio me l'avait laissé croire.
A présent, il ne me reste rien; ma douleur même ne
m'appartient plus. Parlez, Madame, tout ce que je
puis dire, c'est que vous me voyez résignée à obéir,
ou à mourir.

LA REINE. Et c'est précisément ce que nous ne
voulons pas, et je vais vous dire ce que nous voulons.
Écoutez donc. Oui, c'est le roi qui veut d'abord que
vous guérissiez, et que vous reveniez à la vie; c'est
lui qui trouve que ce serait grand dommage qu'une
si belle créature vînt à mourir d'un si vaillant amour;
— ce sont là ses propres paroles...Appelez-vous cela
du mépris?...Et c'est moi qui veux vous emmener,
que vous restiez près de moi, que vous ayez une place
parmi mes filles d'honneur, qui, elles aussi, sont mes

bonnes amies; c'est moi qui veux que, loin d'oublier
don Pèdre, vous puissiez le voir tous les jours; qu'au
lieu de combattre un penchant dont vous n'avez pas
à vous défendre, vous cédiez à cette franche impulsion
de votre âme vers ce qui est beau, noble et généreux,
car on devient meilleur avec un tel amour; c'est moi,
Carmosine, qui veux vous apprendre que l'on peut
aimer sans souffrir lorsque l'on aime sans rougir,
qu'il n'y a que la honte ou le remords qui doivent
donner de la tristesse, car elle est faite pour le coupable, et, à coup sûr, votre pensée ne l'est pas.

CARMOSINE. Bonté du ciel!

LA REINE. C'est encore moi qui veux qu'un époux
digne de vous, qu'un homme loyal, honnête et brave,
vous donne la main pour entrer chez moi; qu'il sache
comme moi, comme tout le monde, le secret de votre
souffrance passée; qu'il vous croie fidèle sur ma parole,
que je vous croie heureuse sur la sienne, et que votre
cœur puisse guérir ainsi, par l'amitié de votre reine,
et par l'estime de votre époux...Prêtez l'oreille, n'est-ce
pas le bruit du clairon?

CARMOSINE. C'est le roi qui sort du palais.

LA REINE. Vous savez cela, jeune fille?

CARMOSINE. Oui, Madame; nous demeurons si
près! nous sommes habitués à entendre ce bruit.

LA REINE. C'est le roi qui vient, en effet, et il vient
ici.

CARMOSINE. Est-ce possible?

LA REINE. Il vient nous chercher toutes deux.
Entendez-vous aussi ces cloches?

CARMOSINE. Oui, et j'aperçois derrière la grille une
foule immense qui se rend à l'église. Aujourd'hui...,
je me rappelle..., n'est-ce pas un jour de fête? Comme

ils accourent de tous côtés! Ah! mon rêve! je vois
mon rêve!

LA REINE. C'est l'heure de la bénédiction.

CARMOSINE. Oui, en ce moment le prêtre est
à l'autel, et tous s'inclinent devant lui. Il se retourne
vers la foule, il tient entre ses mains l'image du
Sauveur, il l'élève...Pardonnez-moi!

[*Elle s'agenouille.*

LA REINE. Prions ensemble, mon enfant; de-
mandons à Dieu quelle réponse vous allez faire à
votre roi.

[*On entend de nouveau le son des clairons. Des
écuyers et des hommes d'armes s'arrêtent à la
grille, et le roi paraît bientôt après.*

## SCÈNE IX

*Les précédents*, LE ROI, PERILLO *près de lui*, MAÎTRE
BERNARD, DAME PÂQUE, SER VESPASIANO,
MINUCCIO.

LE ROI. Vous avez là un grand jardin, cela est
commode et agréable.

MAÎTRE BERNARD. Oui, Sire, cela est commode,
et, en effet...

LE ROI. Où est votre fille?

MAÎTRE BERNARD. La voilà, Sire, devant Votre
Majesté...

LE ROI. Est-elle mariée?

MAÎTRE BERNARD. Non, Sire, pas encore,...
c'est-à-dire,...si Votre Majesté...

Le Roi (*à Carmosine*). C'est donc vous, gentille demoiselle, qui êtes souffrante et en danger, dit-on? Vous n'avez pas le visage à cela.

Maître Bernard. Elle a été, Sire, et elle est encore gravement malade. Il est vrai que, depuis ce matin à peu près, l'amélioration est notable.

Le Roi. Je m'en réjouis. En bonne foi, il serait fâcheux que le monde fût si tôt privé d'une si belle enfant.                                          [*A Carmosine.*

Approchez un peu, je vous prie.

Ser Vespasiano (*à Minuccio*). Voyez-vous ce que je vous ai dit? Il va arranger toute l'affaire. Calatabellotte est à moi.

Minuccio. Point, c'est une simple consultation qu'ils vont faire en particulier. Les Espagnols tiennent cela des Arabes. Le roi est un grand médecin; c'est la méthode d'Albucasis.

Le Roi (*à Carmosine*). Vous tremblez, je crois. Vous défiez-vous de moi?

Carmosine. Non, Sire.

Le Roi. Eh bien! donc, donnez-moi la main. Que veut dire ceci, la belle fille? Vous qui êtes jeune et qui êtes faite pour réjouir le cœur des autres, vous vous laissez avoir du chagrin? Nous vous prions, pour l'amour de nous, qu'il vous plaise de prendre courage, et que vous soyez bientôt guérie.

Carmosine. Sire, c'est mon trop peu de force à supporter une trop grande peine qui est la cause de ma souffrance. Puisque vous avez pu m'en plaindre, j'espère que Dieu m'en délivrera.

Le Roi. Voilà qui est bien, mais ce n'est pas tout. Il faut m'obéir sur un autre point. Quelqu'un vous en a-t-il parlé?

CARMOSINE. Sire, on m'a dit toute la bonté, toute la pitié qu'on daignait avoir...

LE ROI. Pas autre chose?          [*A la reine.* Est-ce vrai, Constance?

LA REINE. Pas tout à fait.

LE ROI. Belle Carmosine, je parlerai en roi et en ami. Le grand amour que vous nous avez porté vous a, près de nous, mise en grand honneur; et celui qu'en retour nous voulons vous rendre, c'est de vous donner de notre main, en vous priant de l'accepter, l'époux que nous vous avons choisi.

[*Il fait signe à Perillo, qui s'avance et s'incline.*

Après quoi, nous voulons toujours nous appeler votre chevalier, et porter dans nos passes d'armes votre devise et vos couleurs, sans demander autre chose de vous, pour cette promesse, qu'un seul baiser.

LA REINE (*à Carmosine*). Donne-le, mon enfant, je ne suis pas jalouse.

CARMOSINE (*donnant son front à baiser au roi*). Sire, la reine a répondu pour moi.